Googlee Eyes

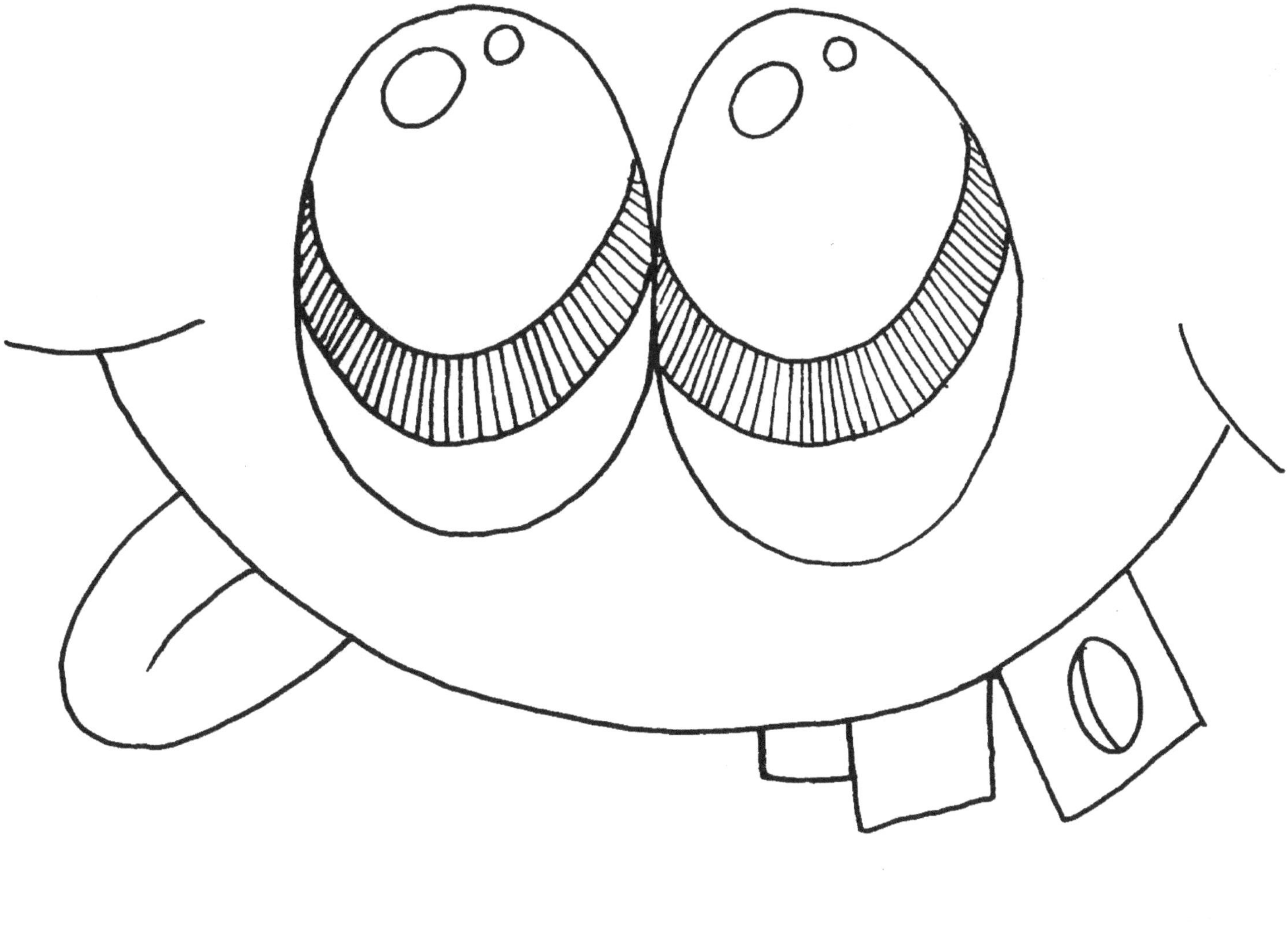

I0508190

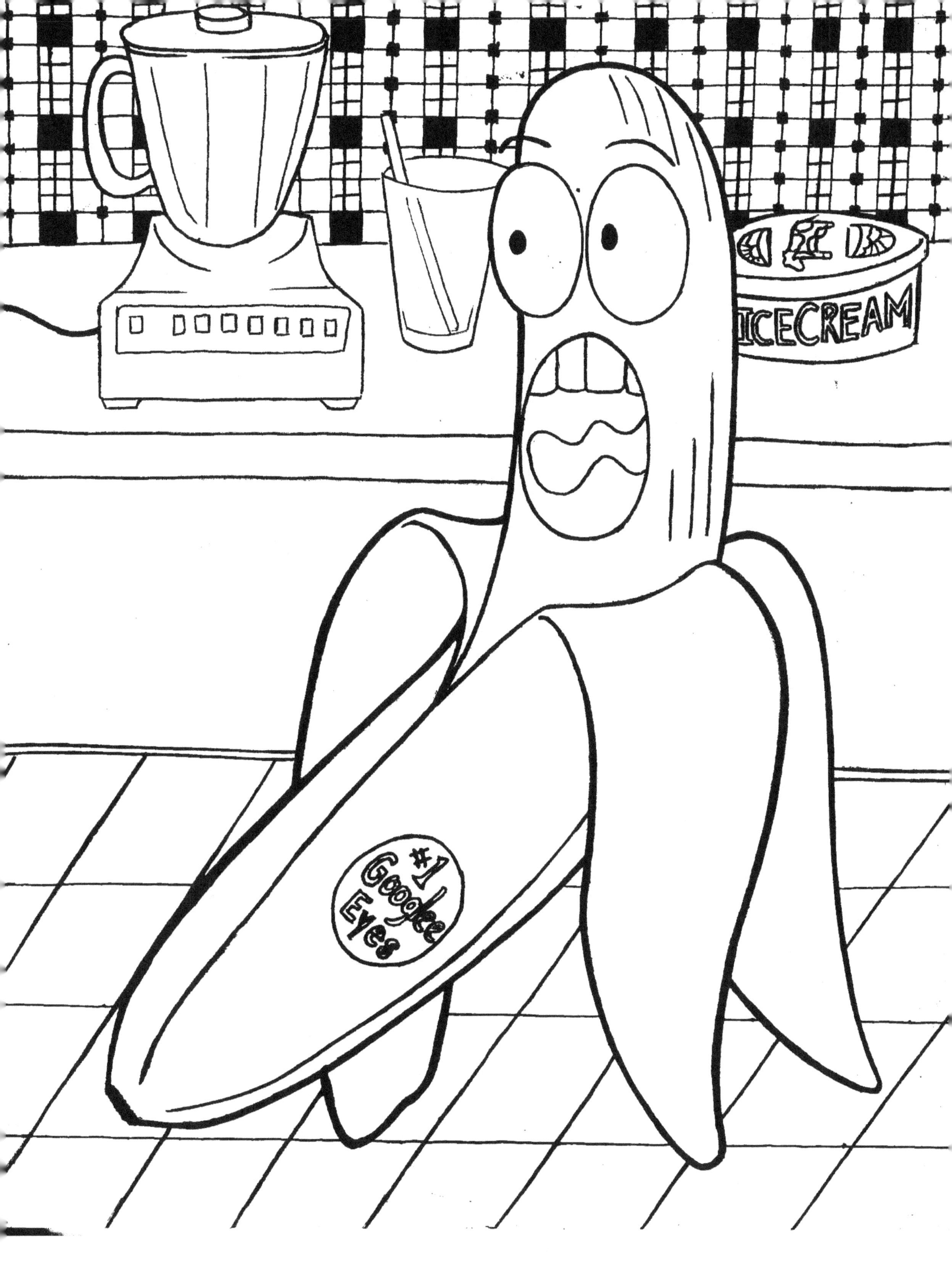
ICECREAM
#1
Googlee
Eyes

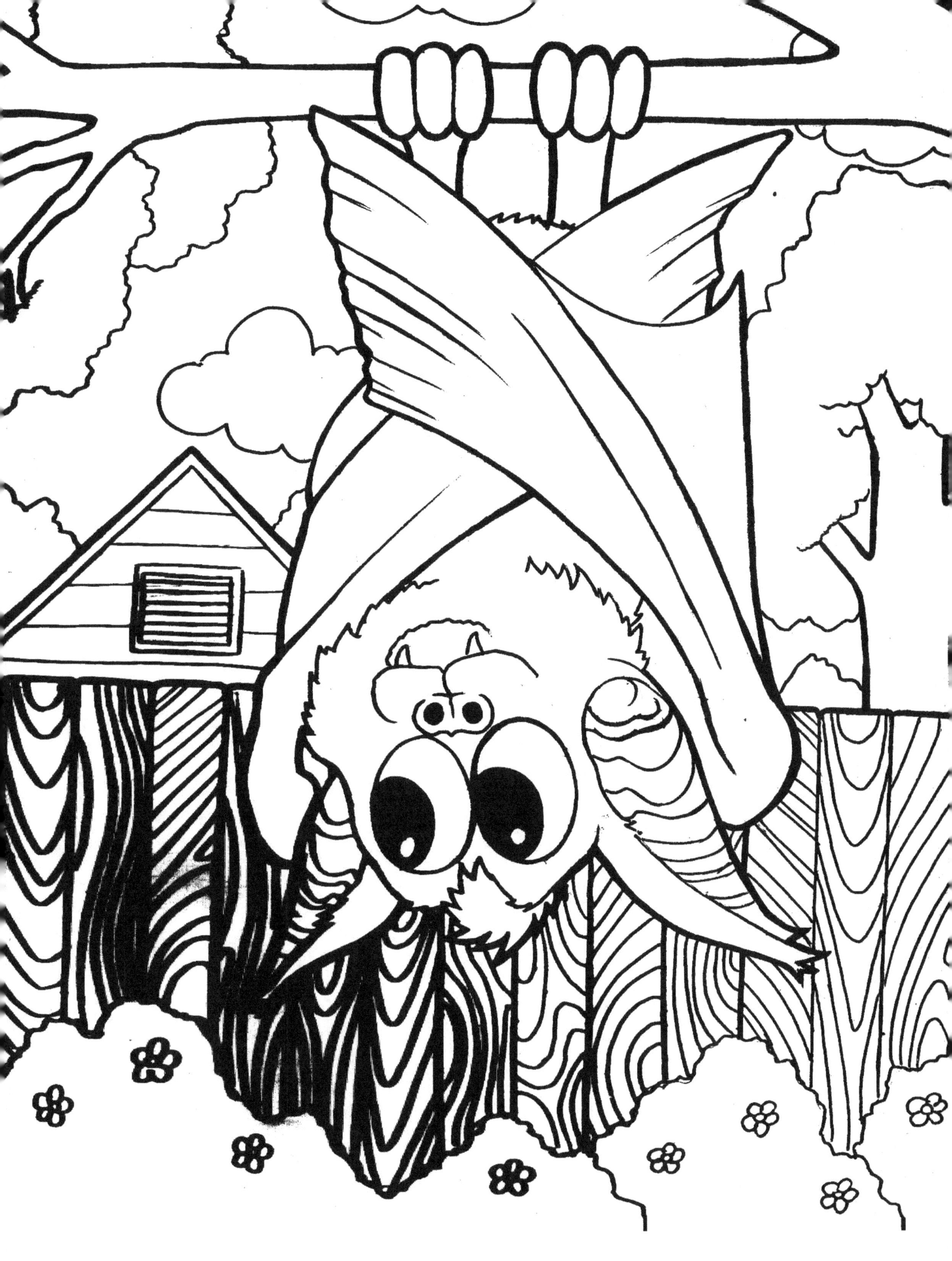

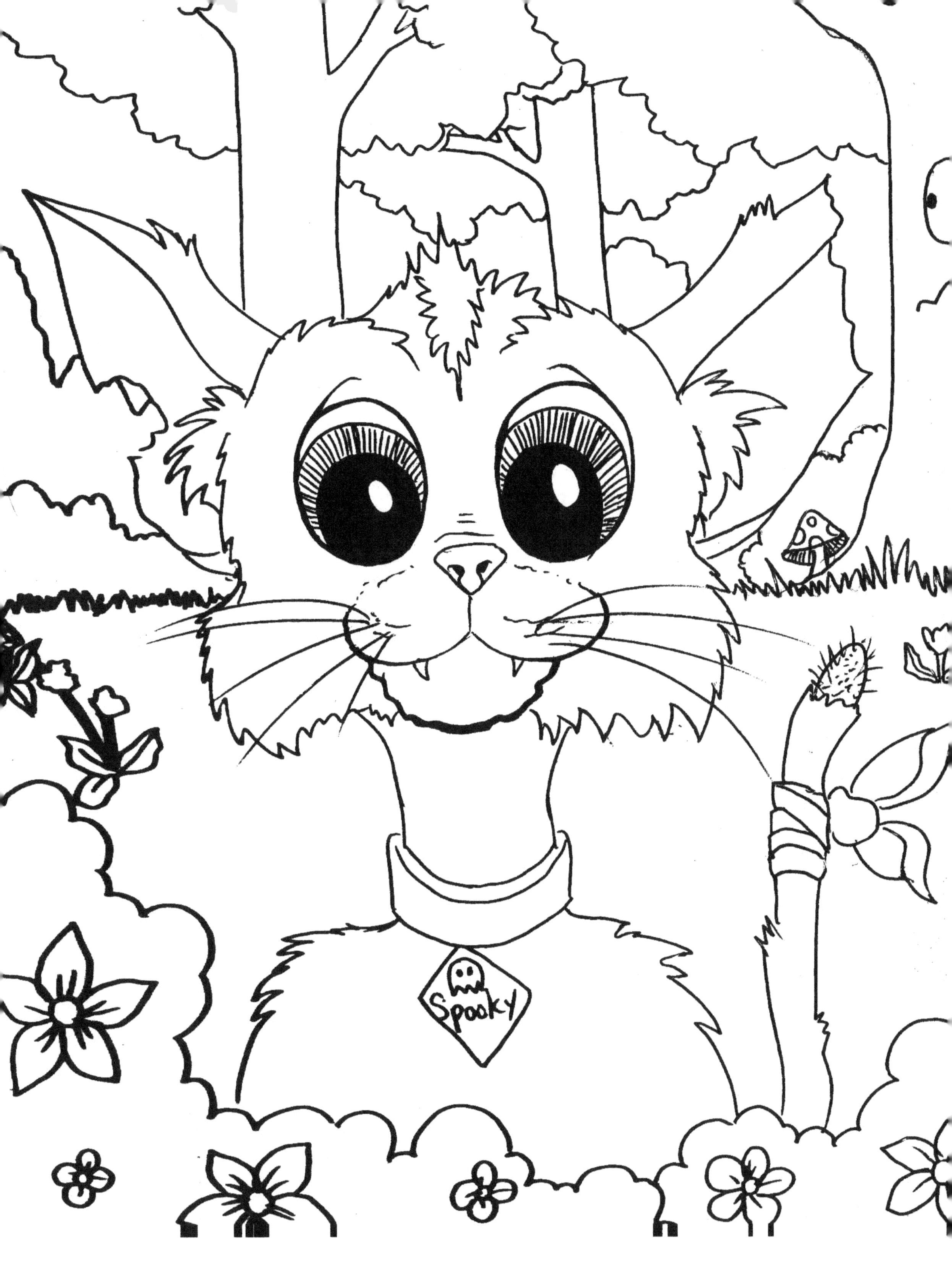
Spooky

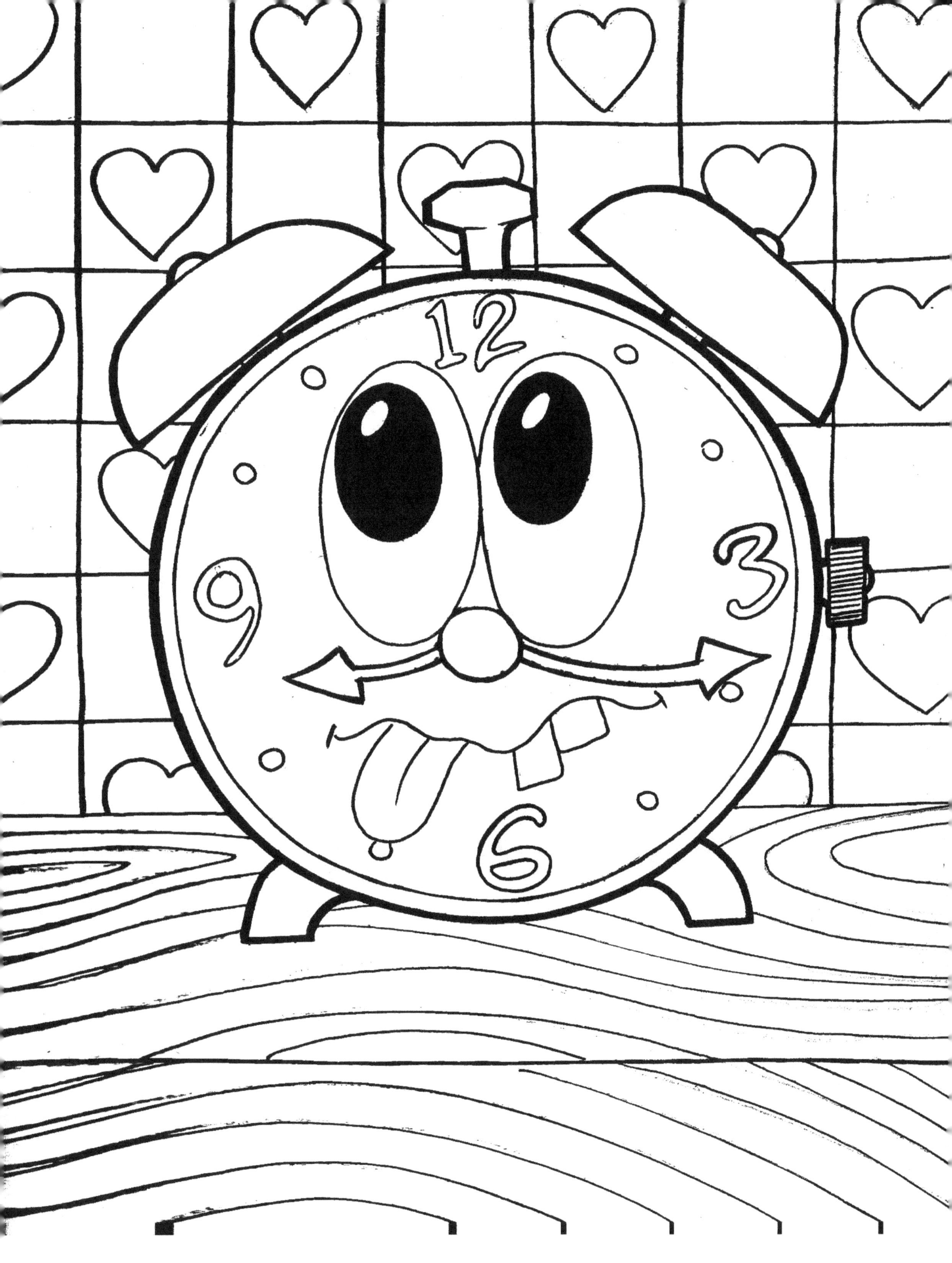
12
3
6
9

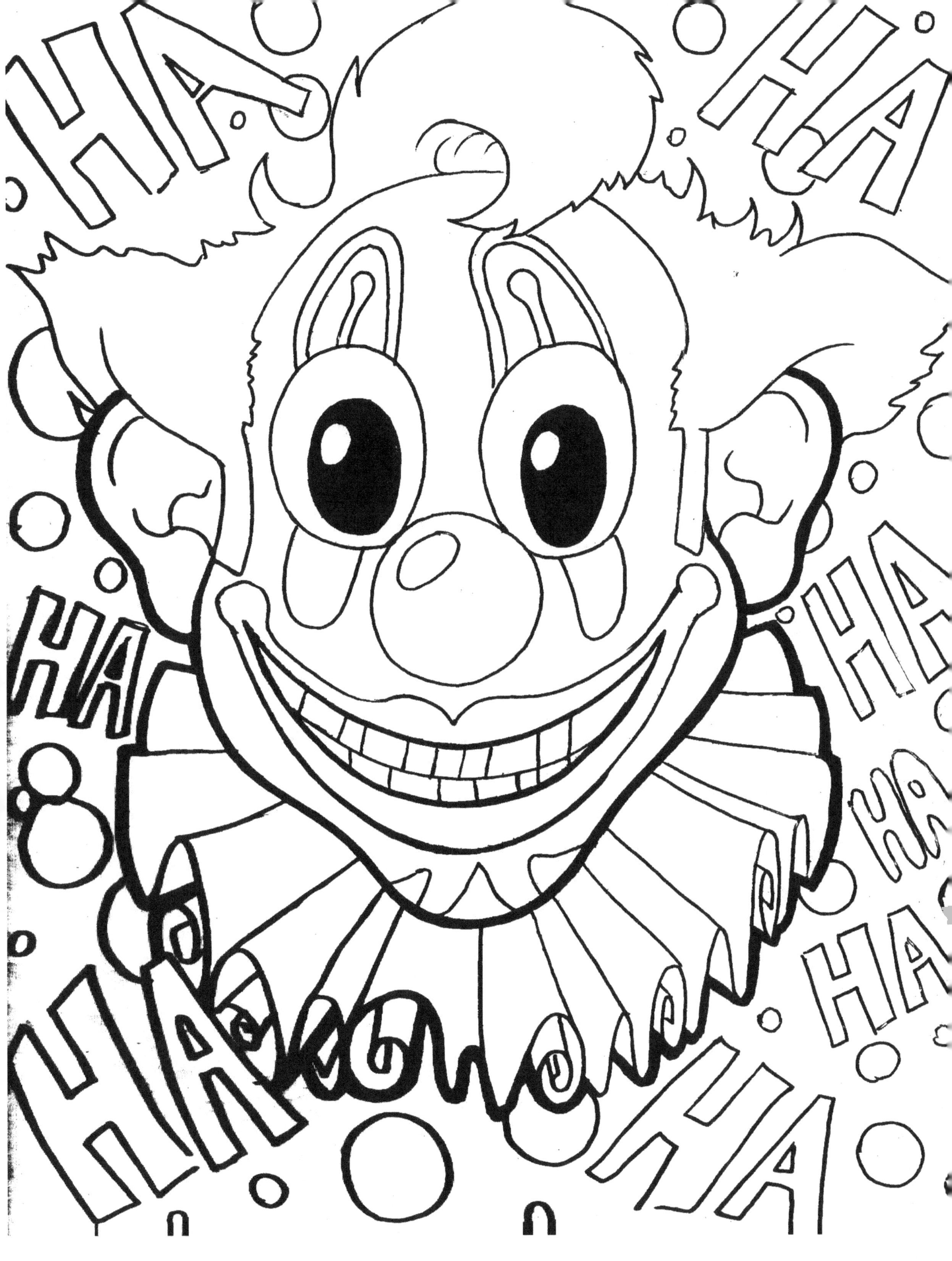
HA
HA
HA
HA
HA
HA
HA
HA

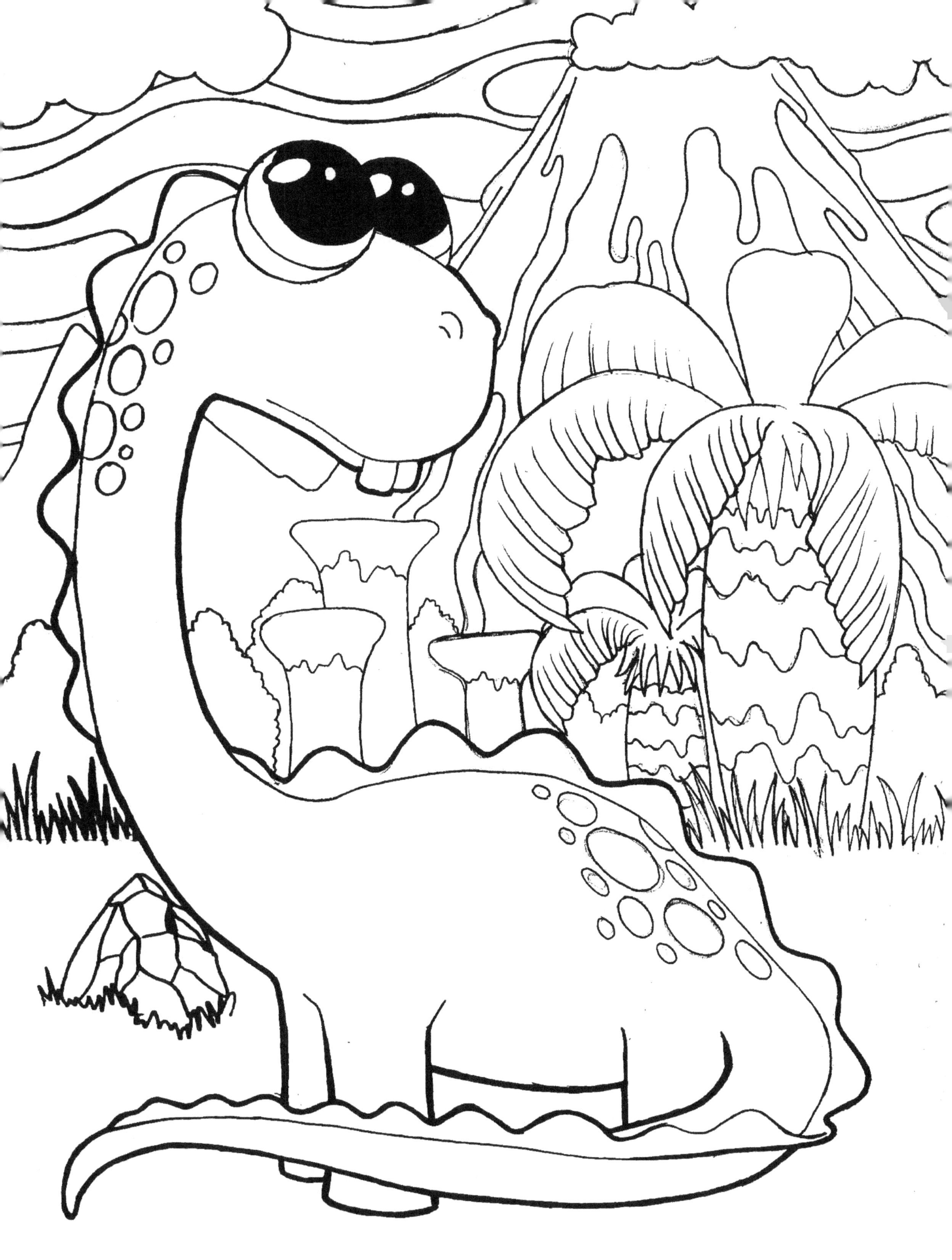

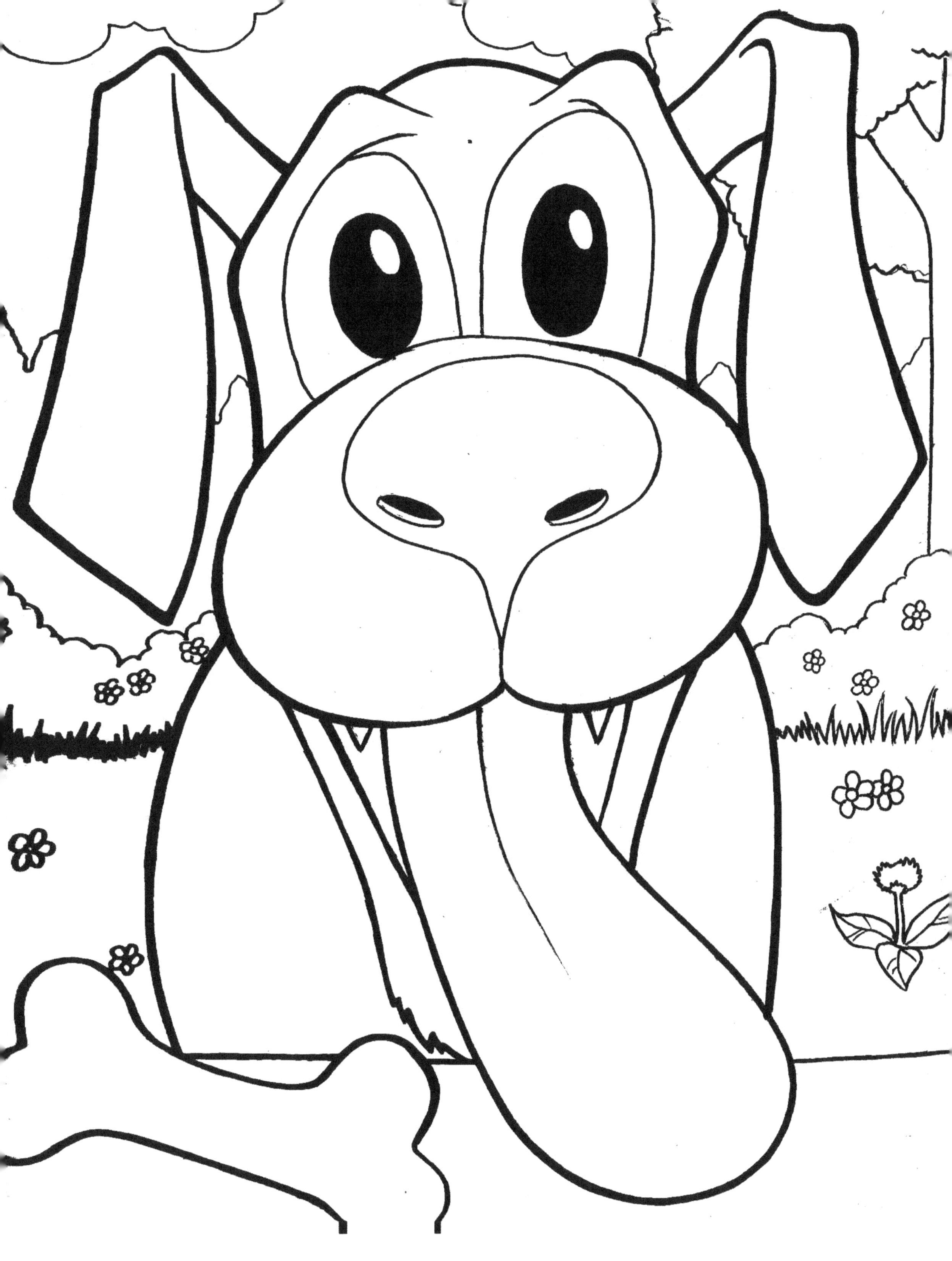

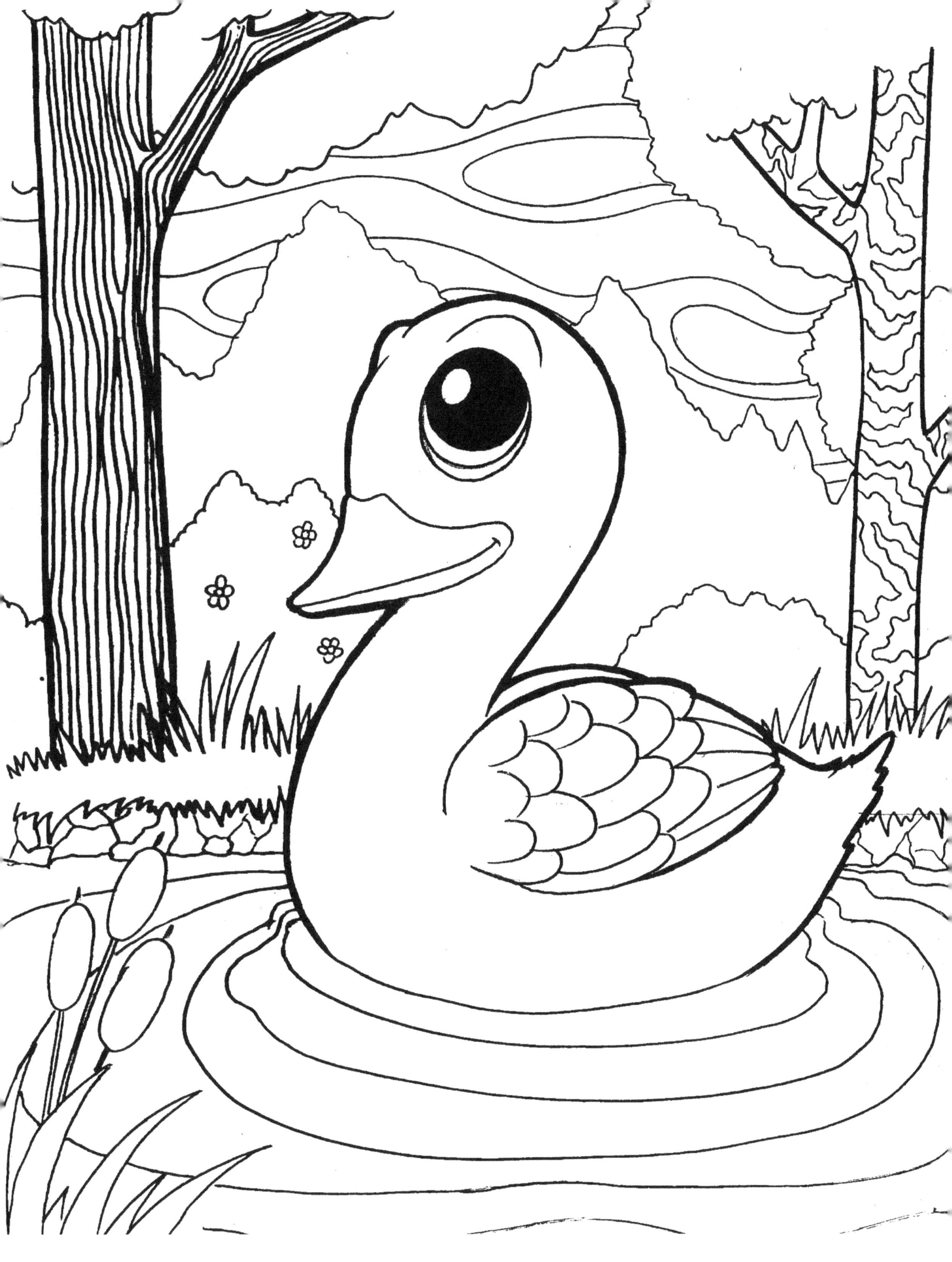

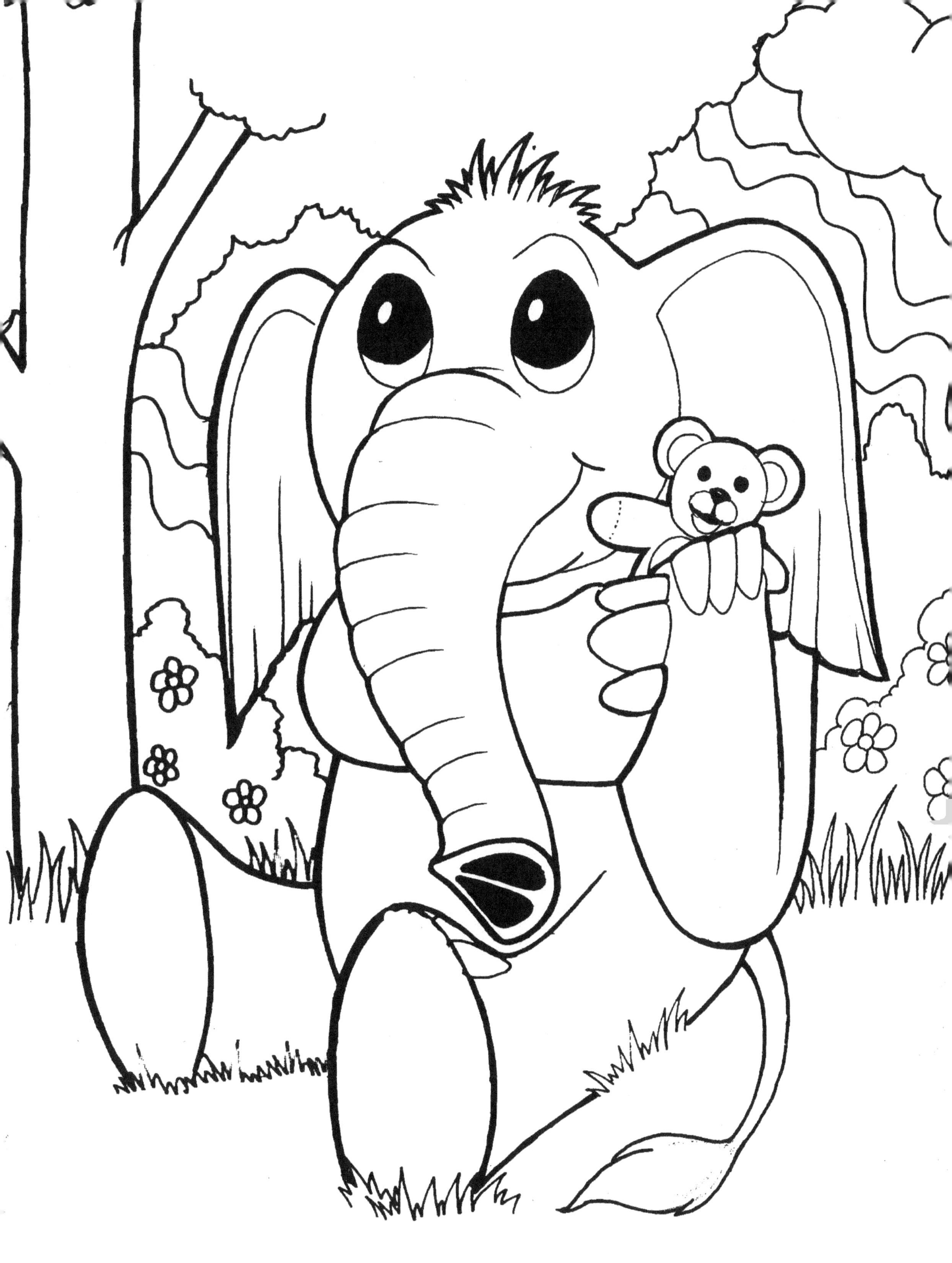

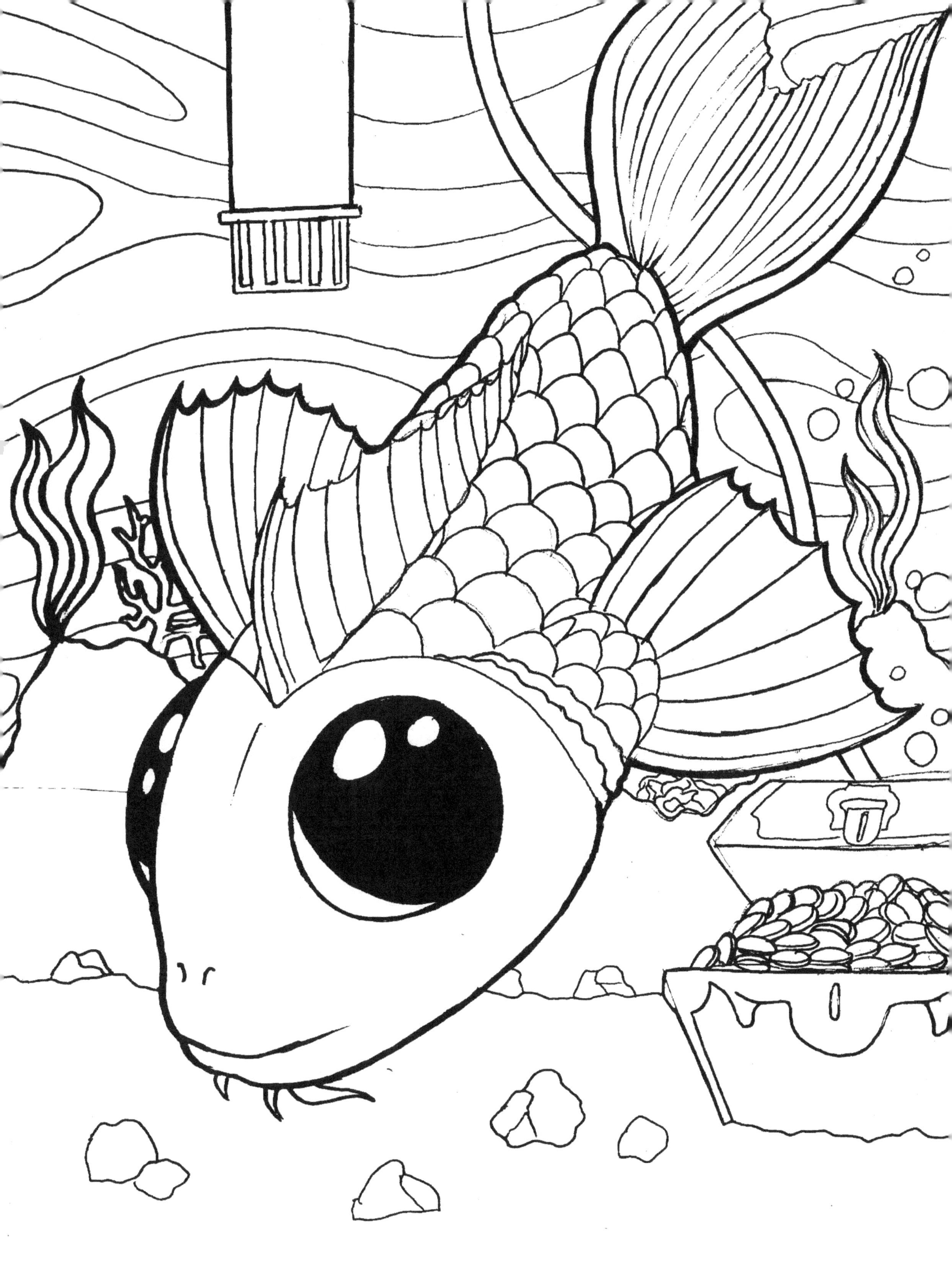

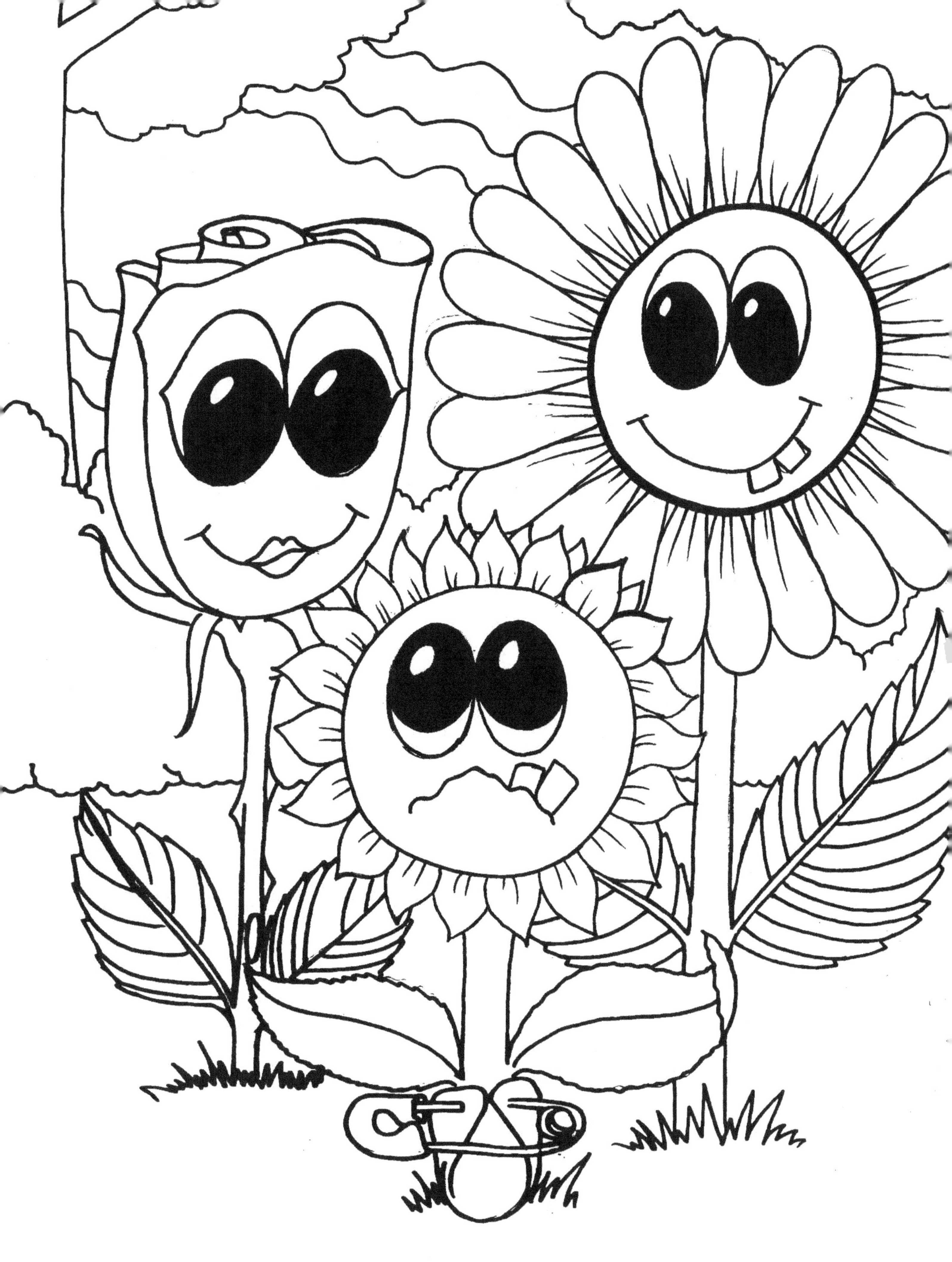

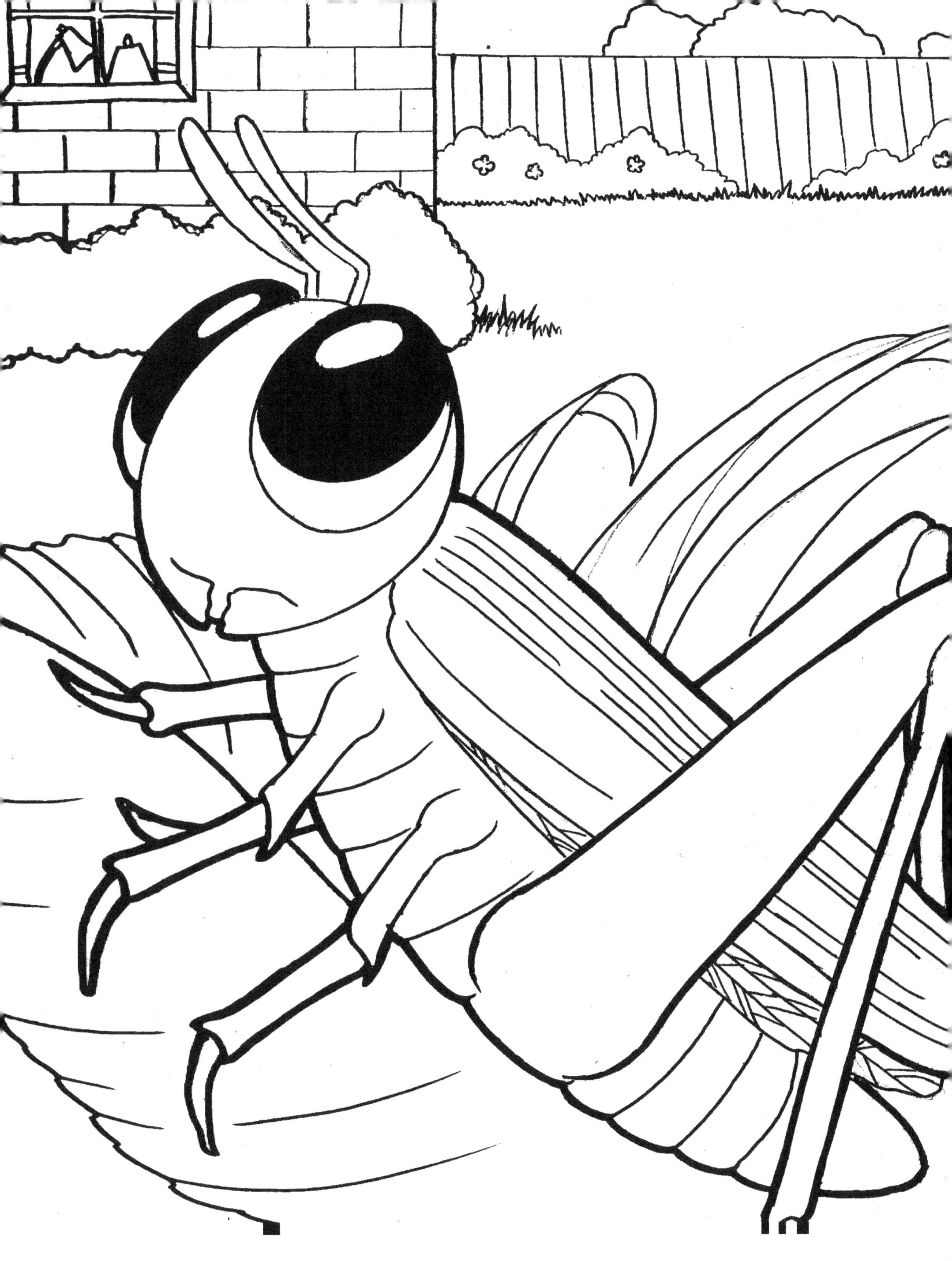

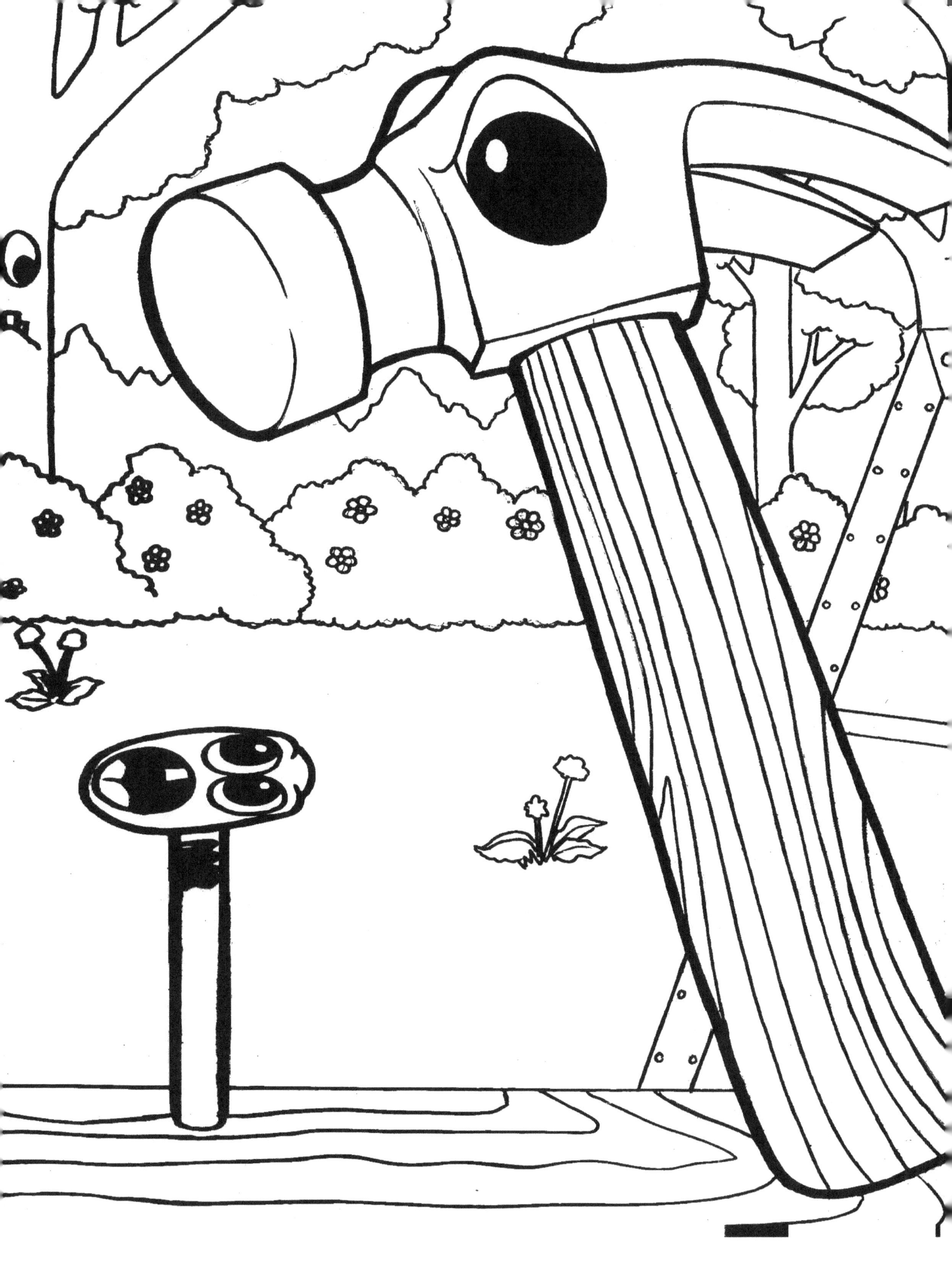

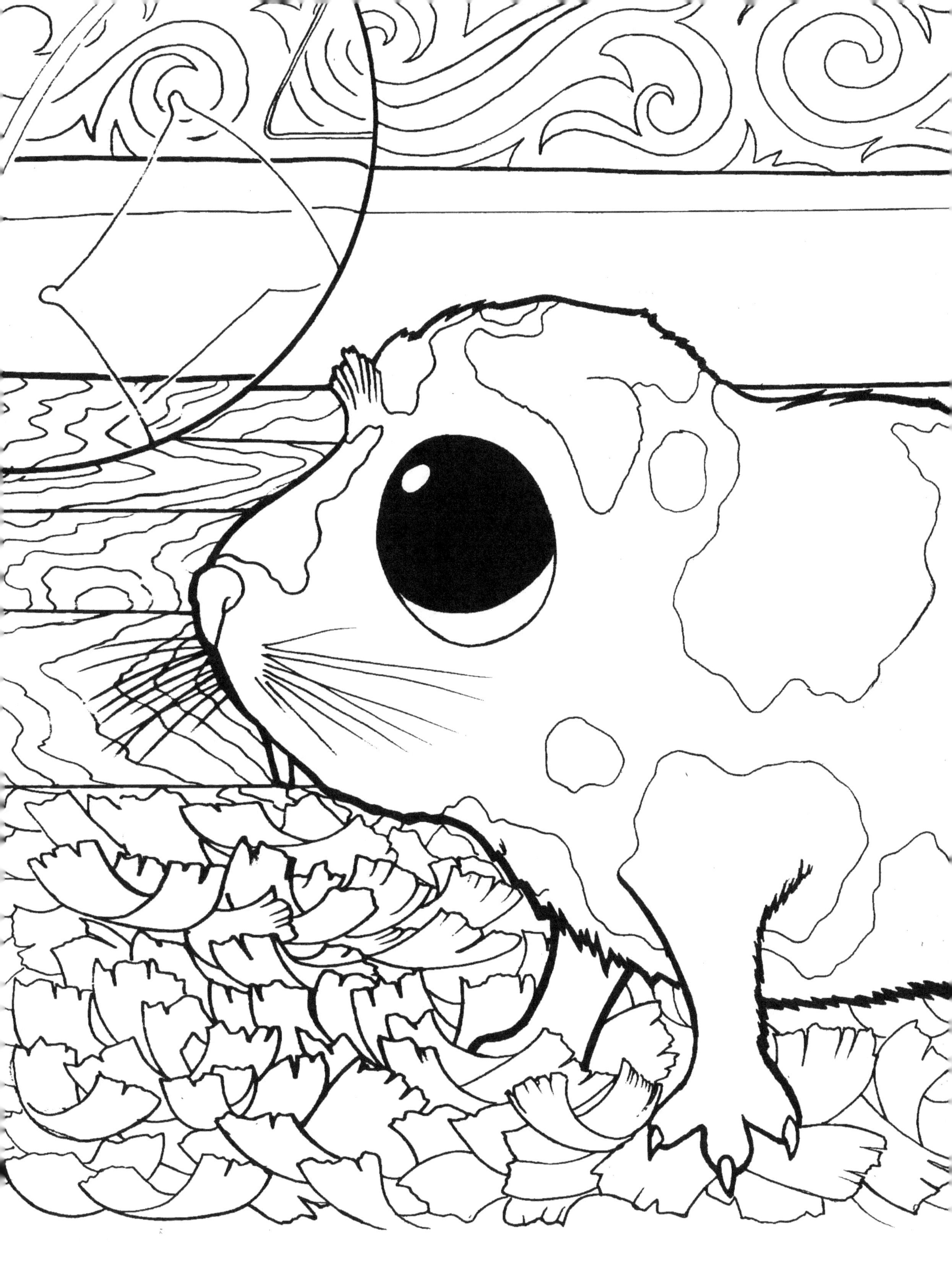

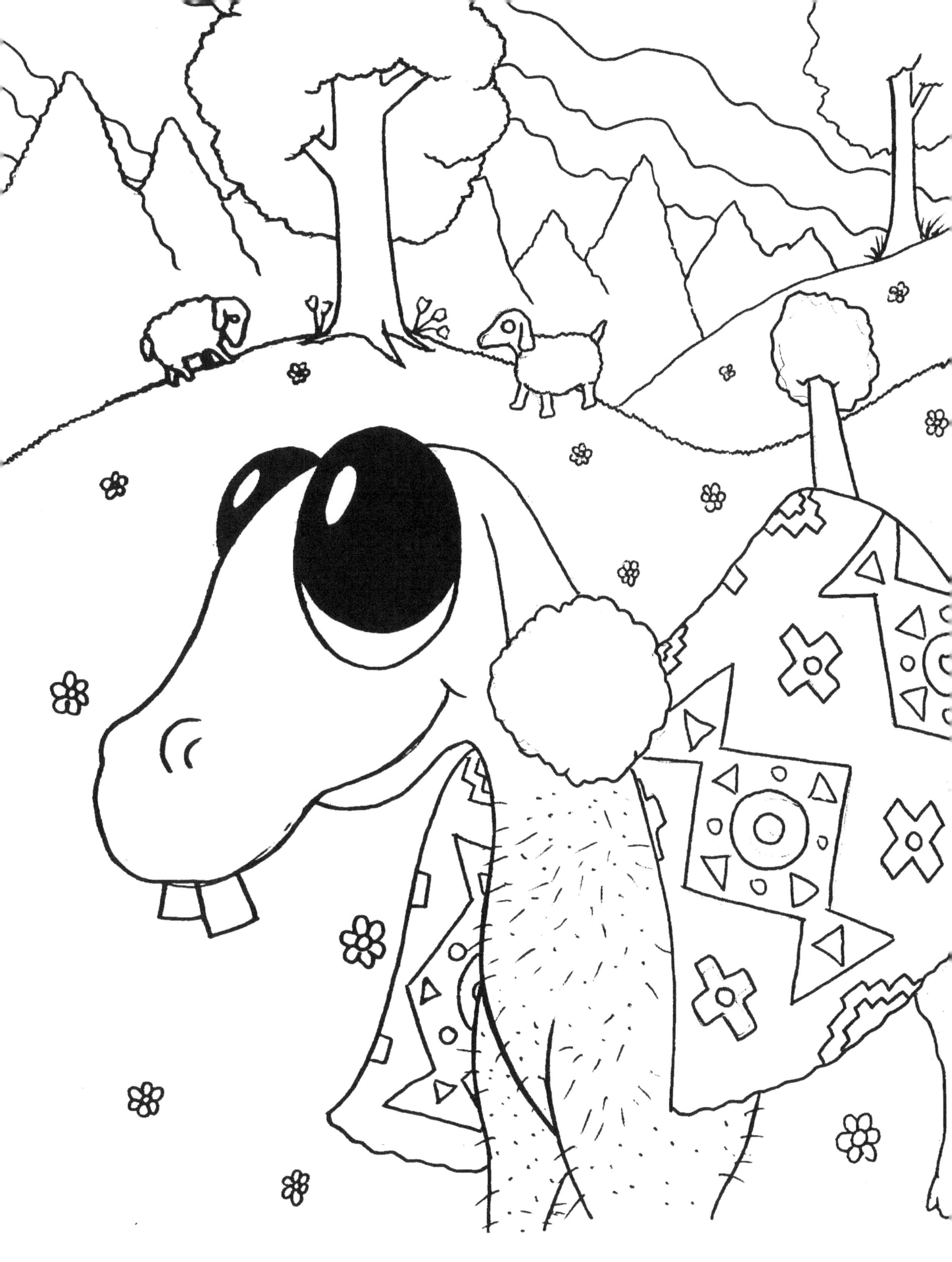

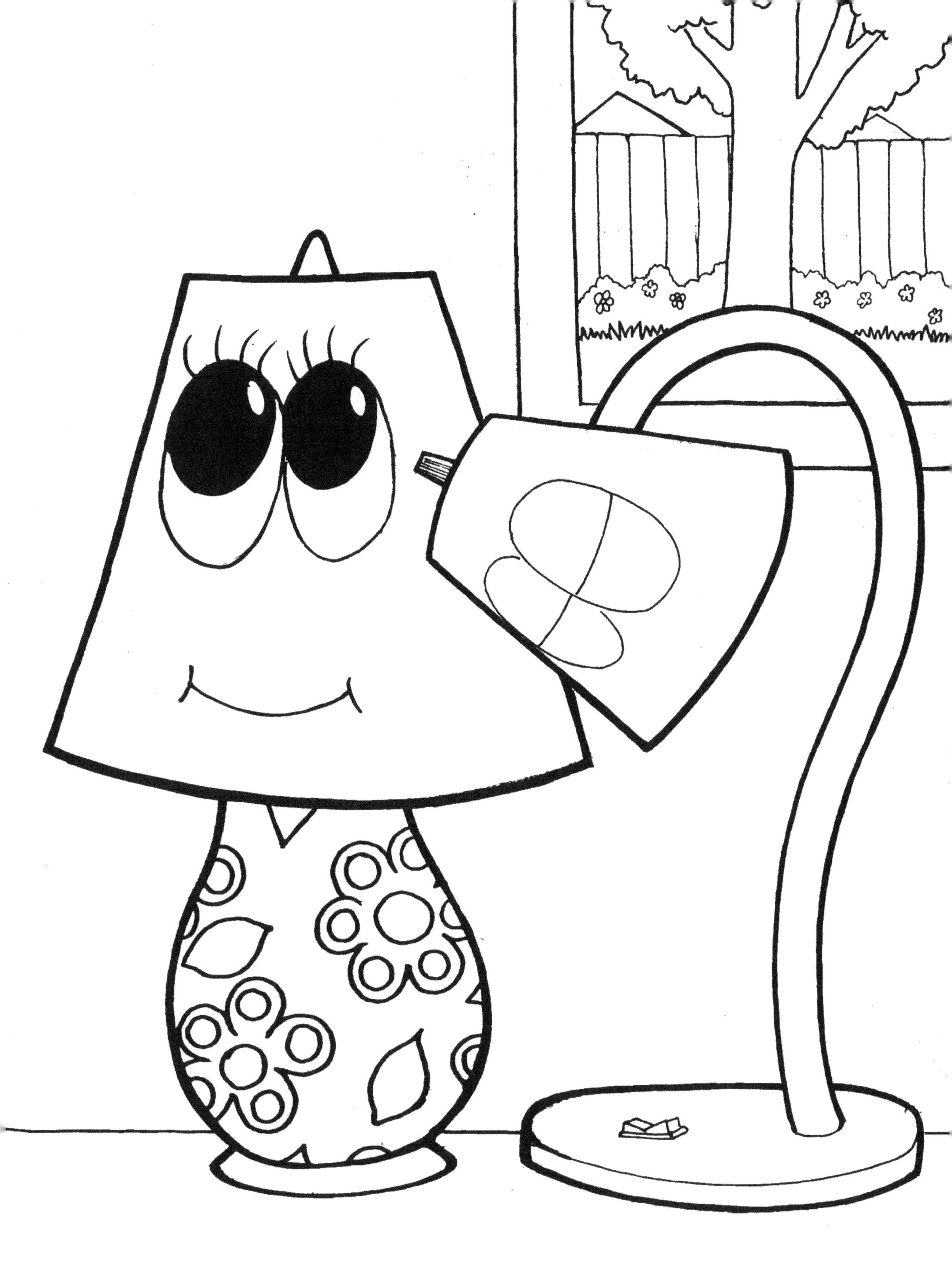

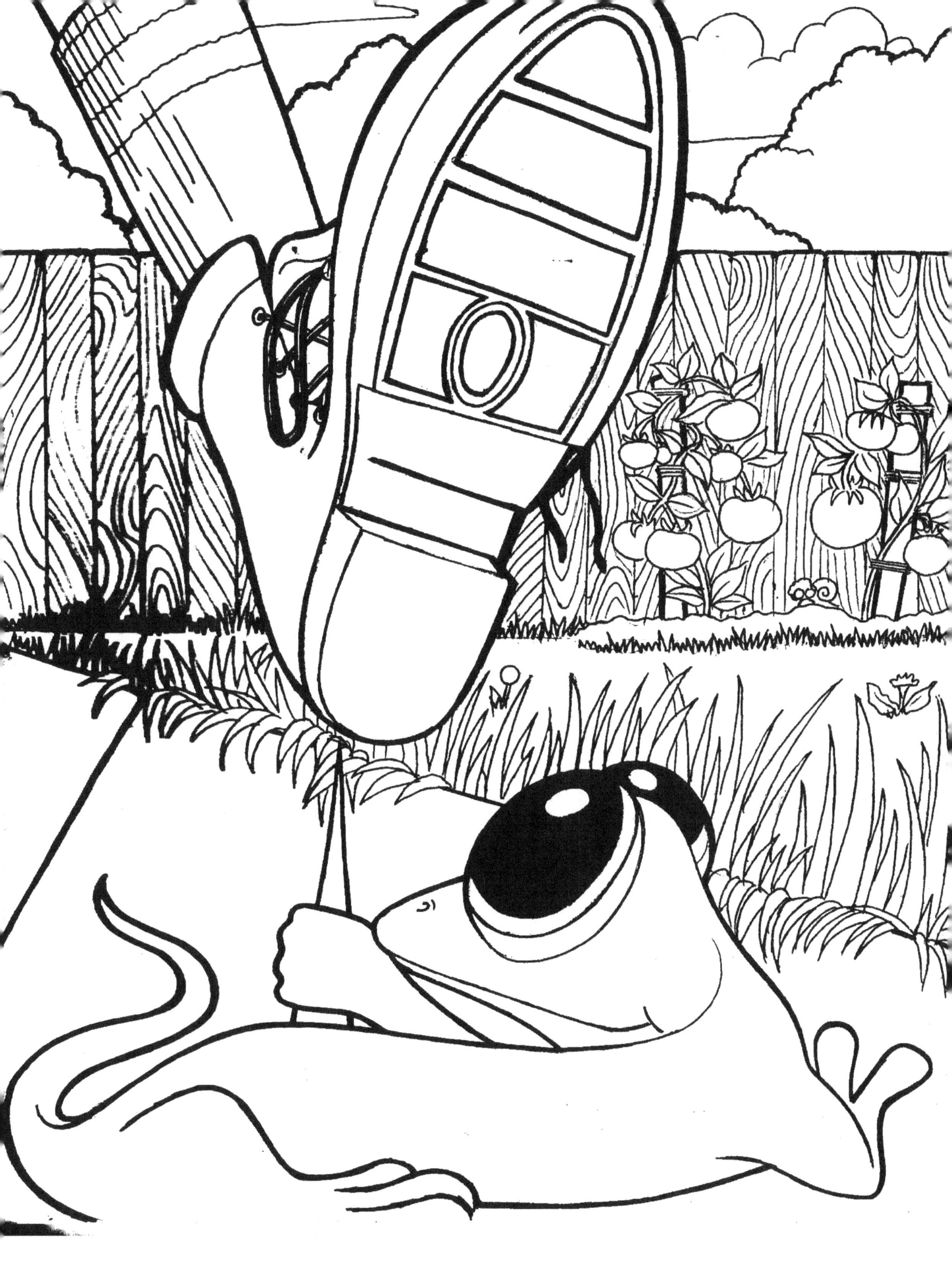

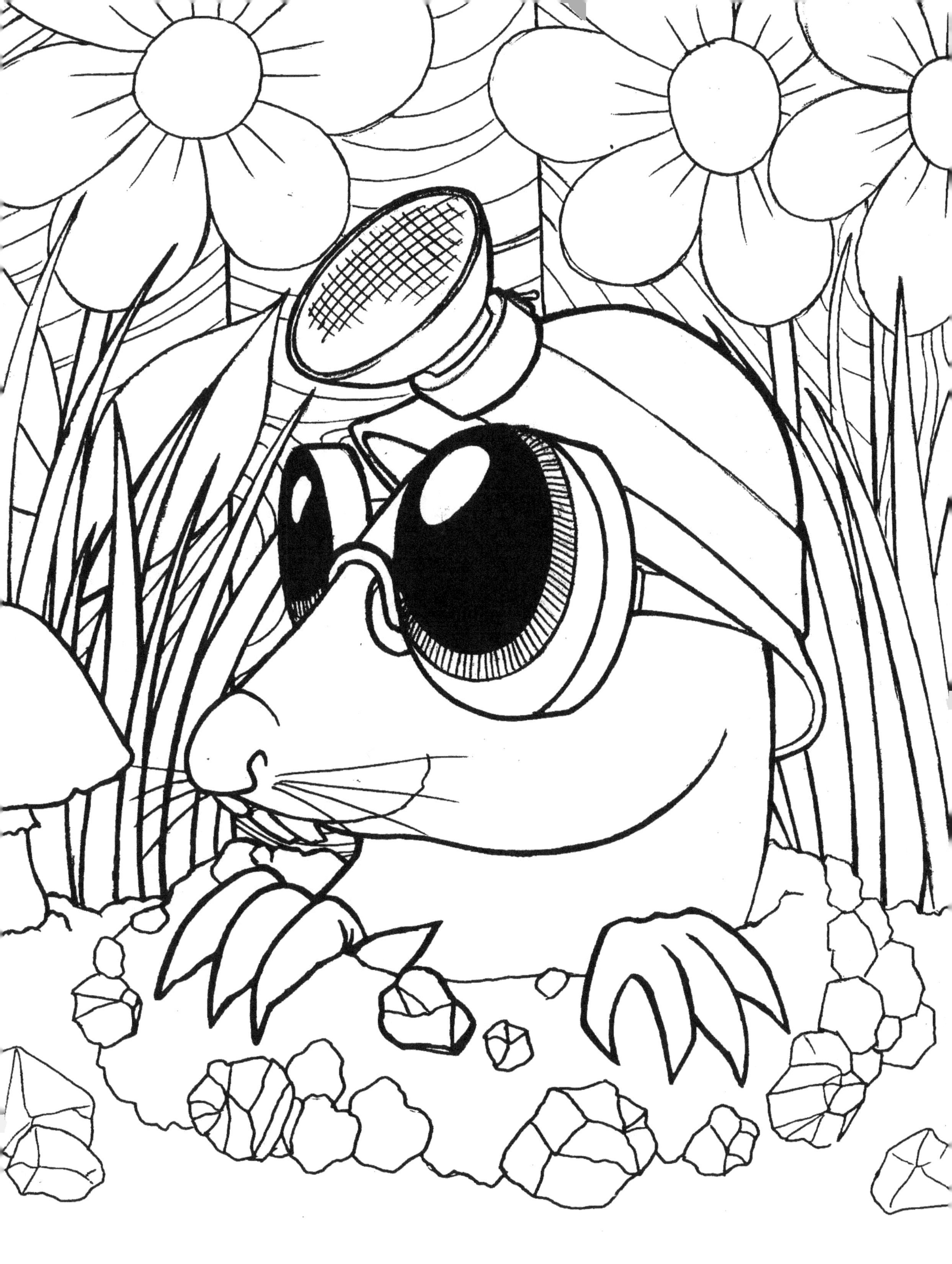

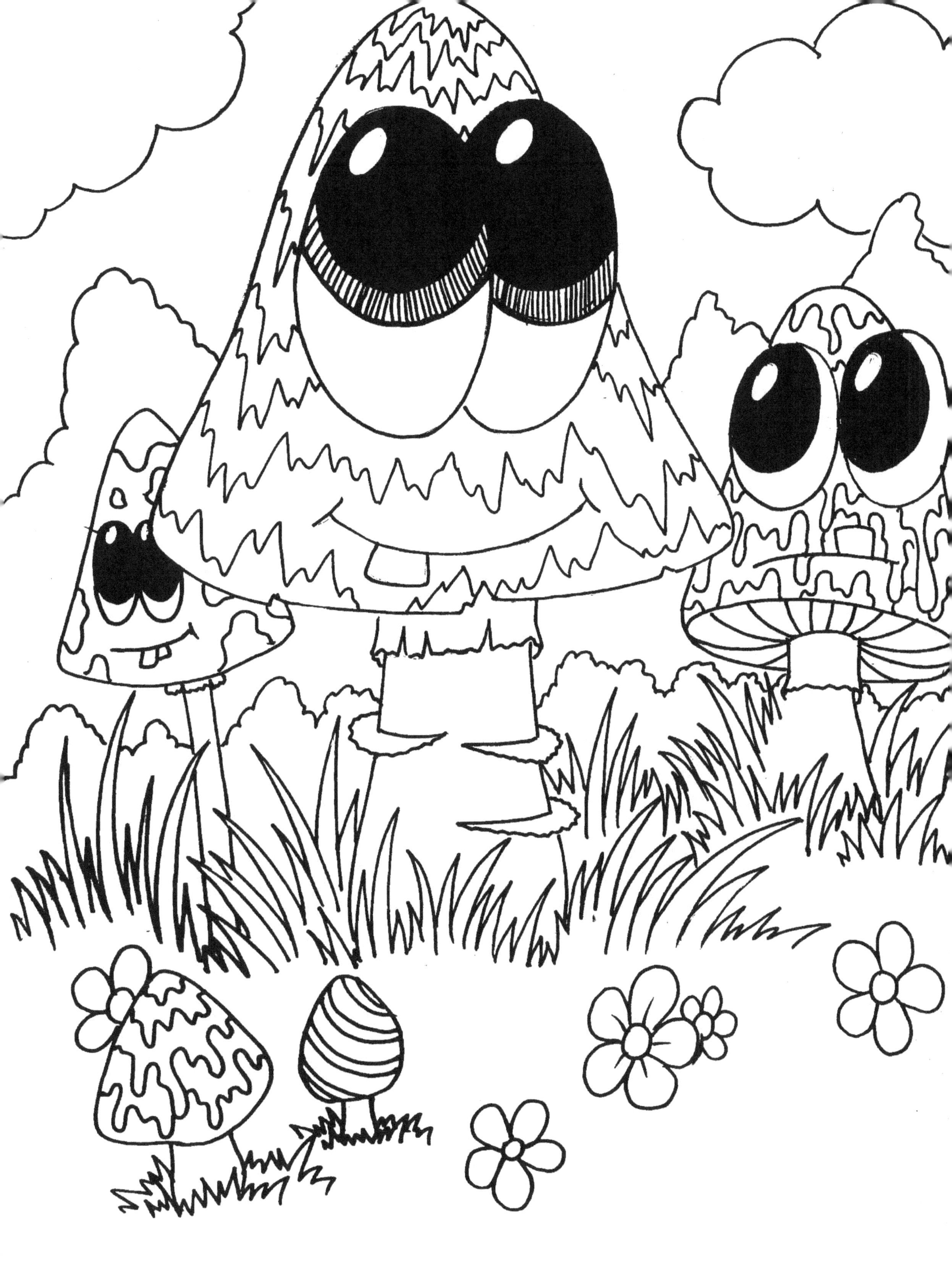

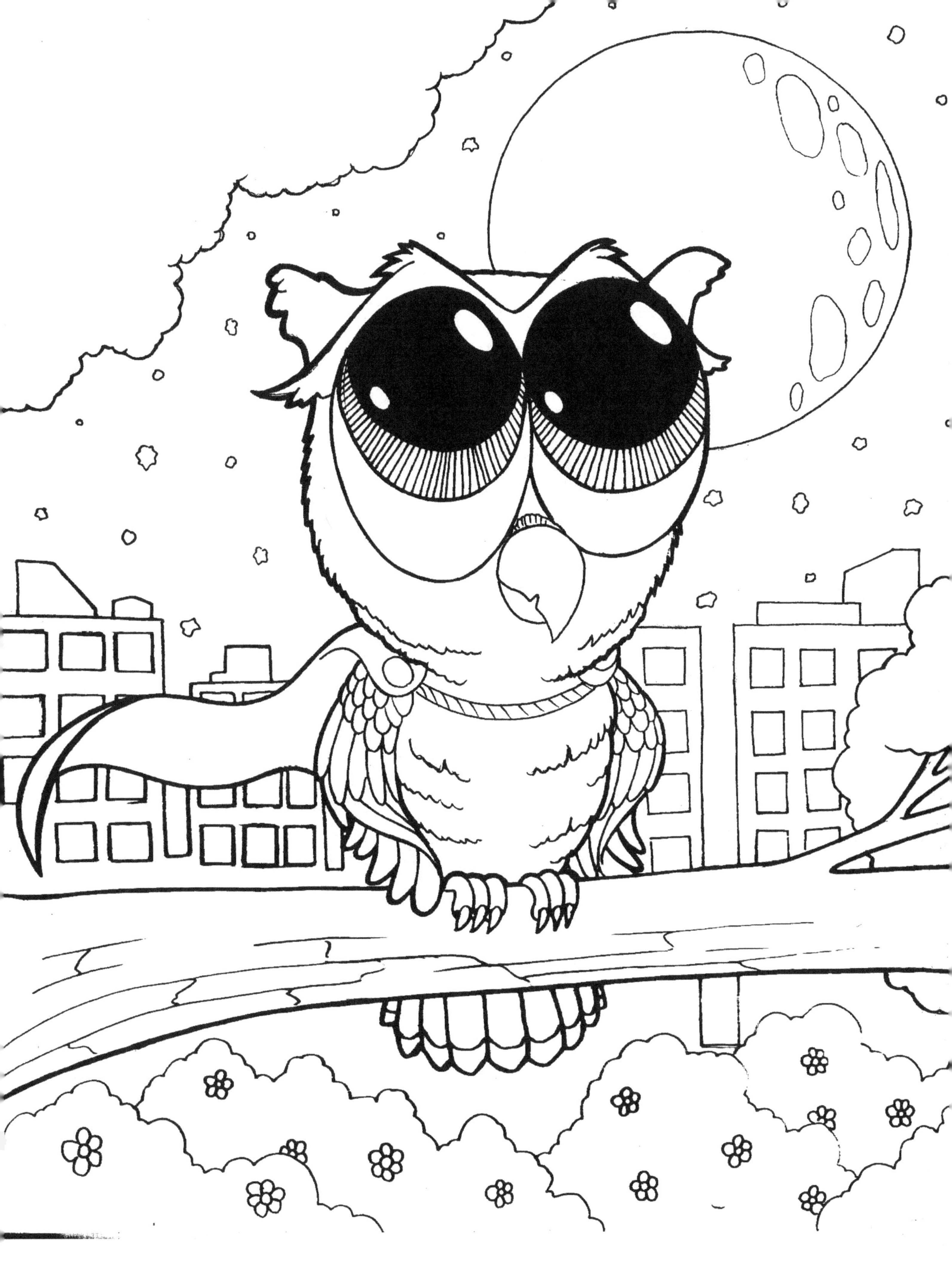

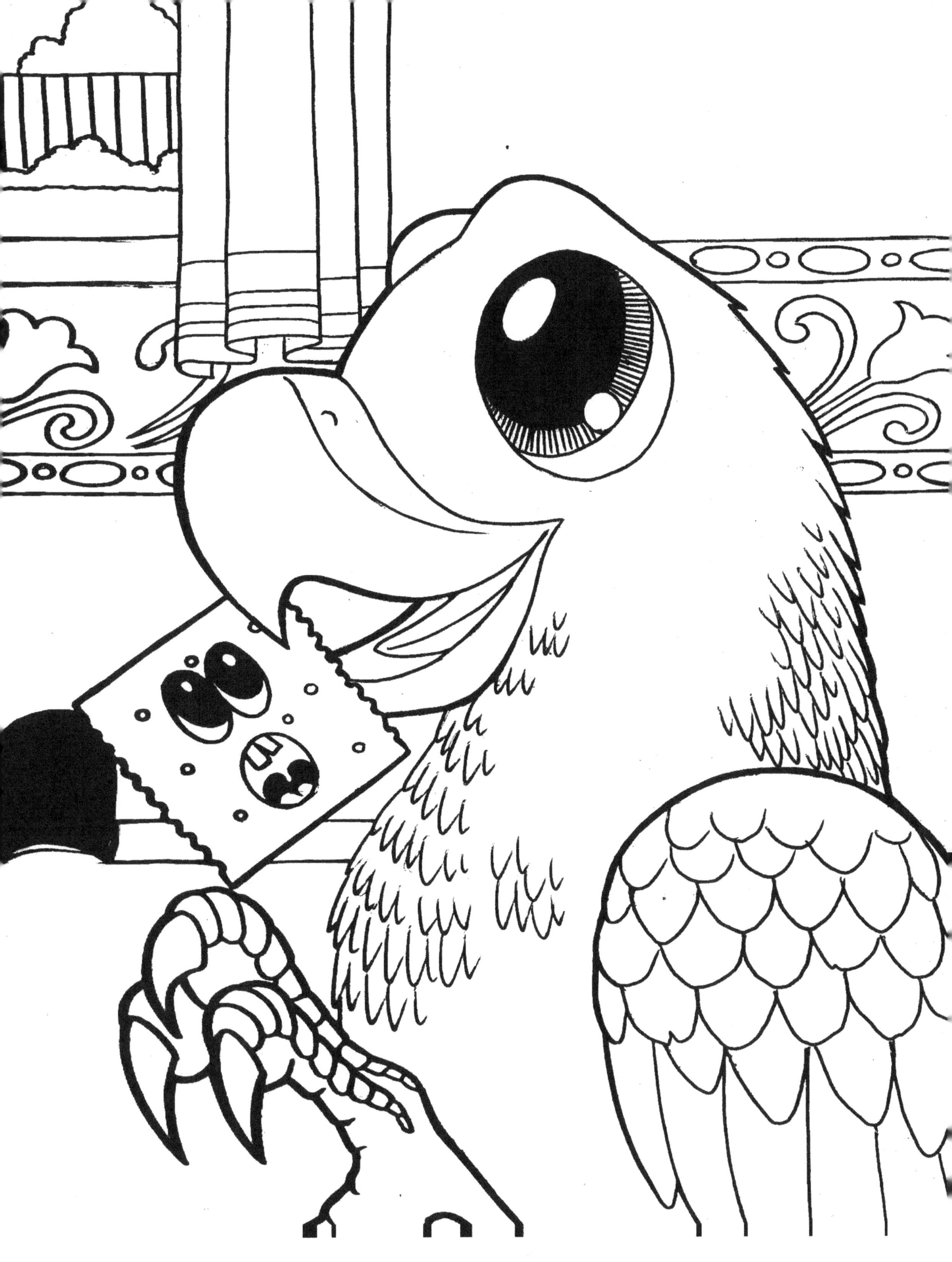

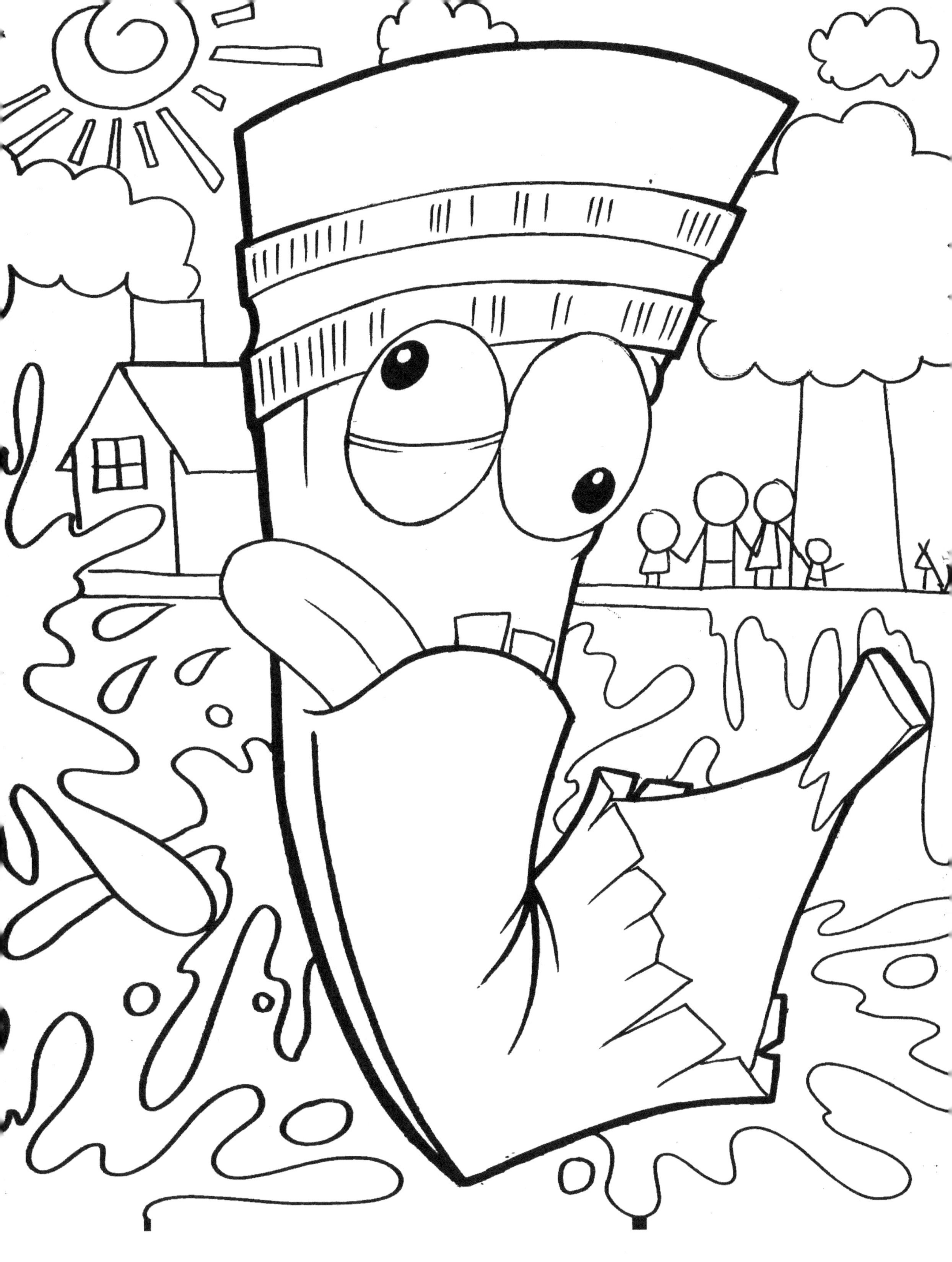

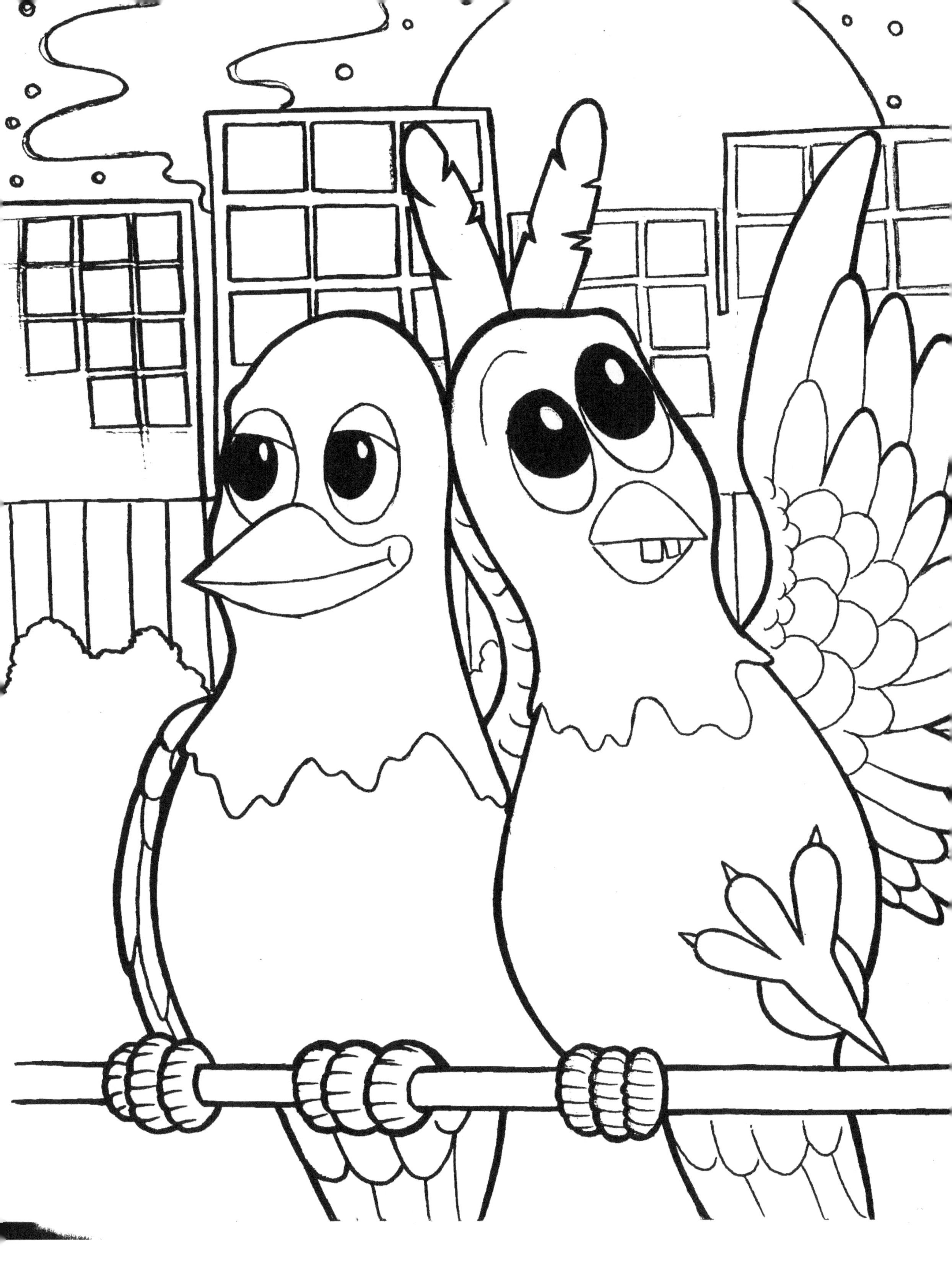

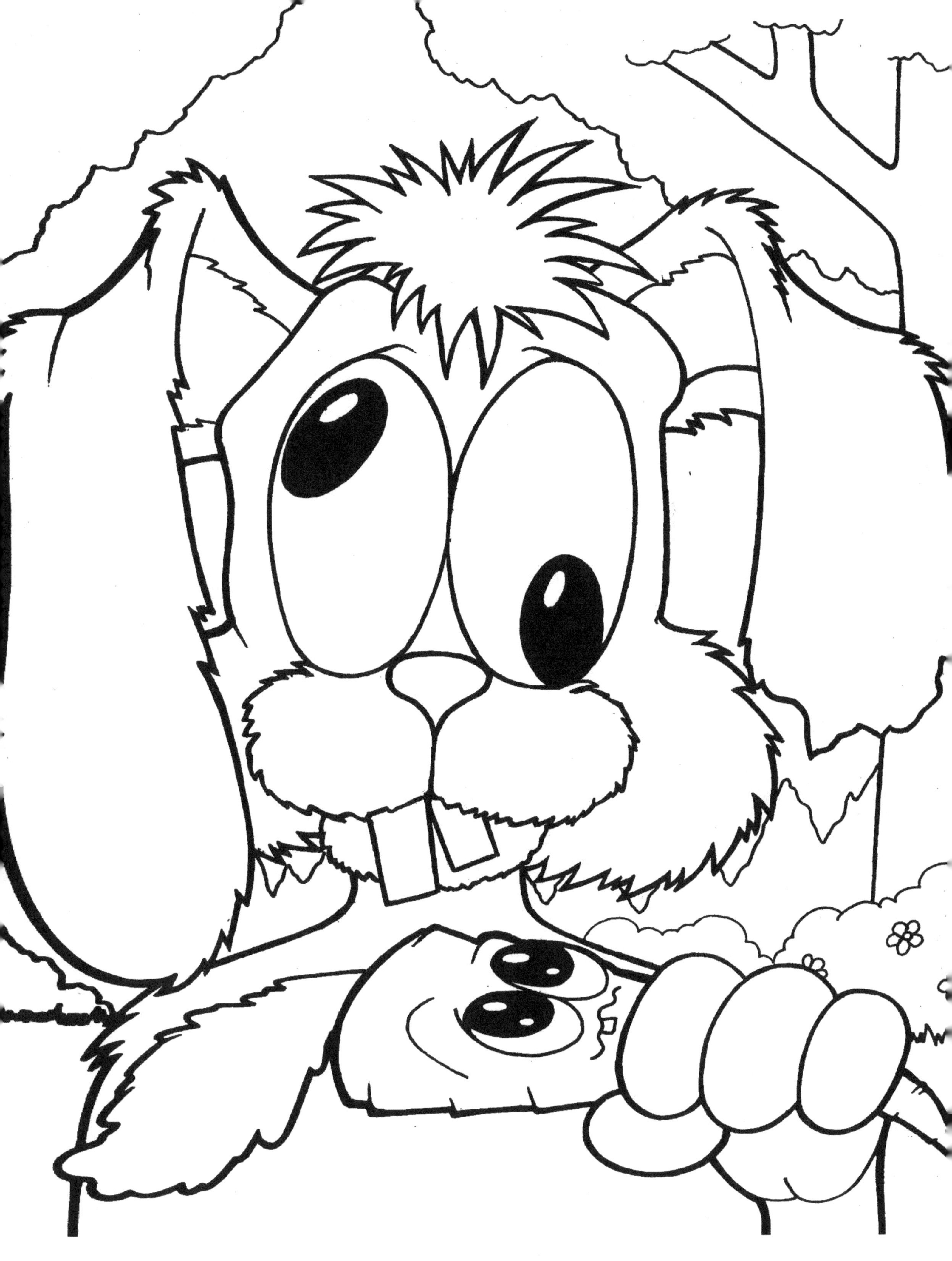

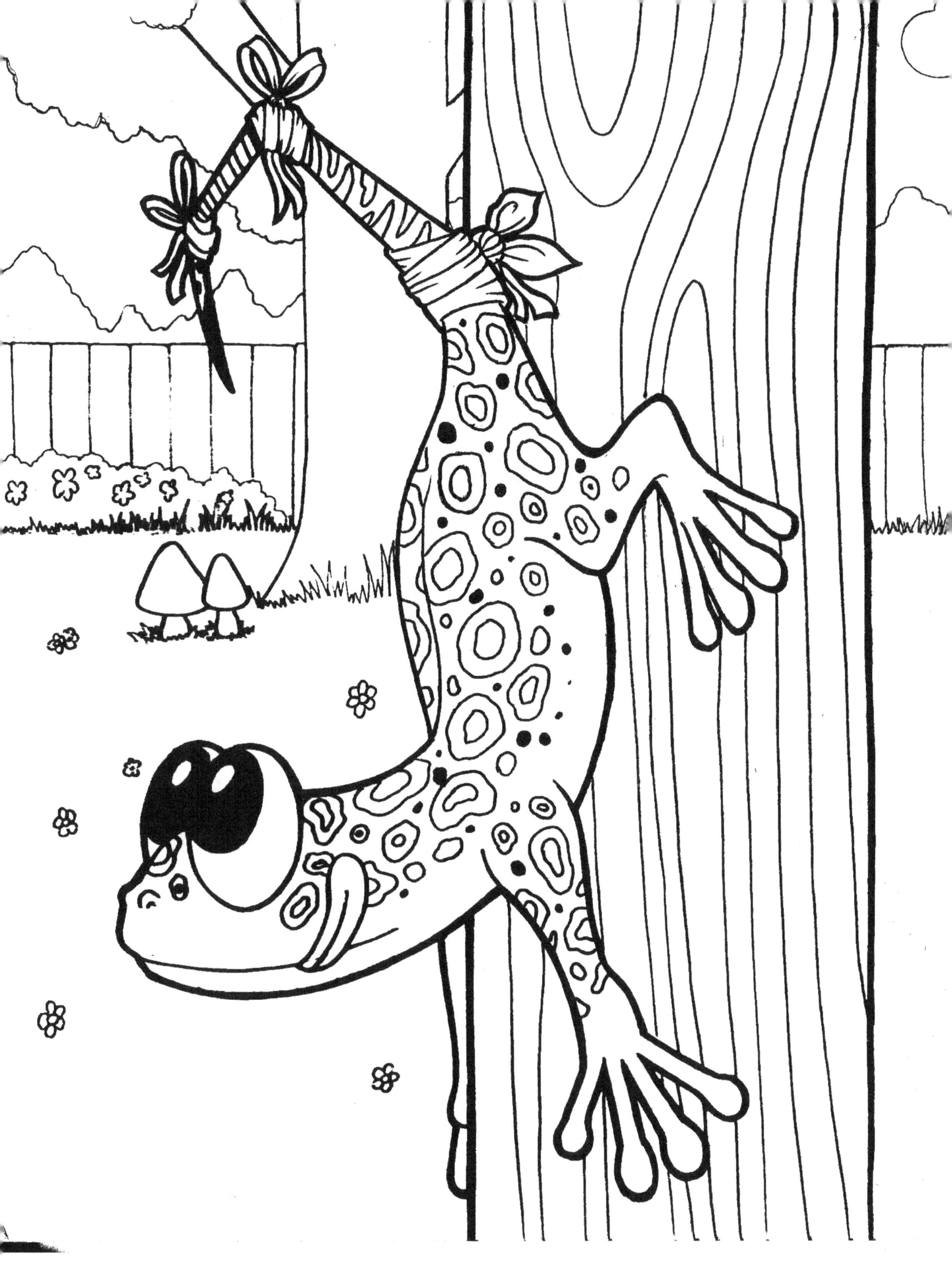

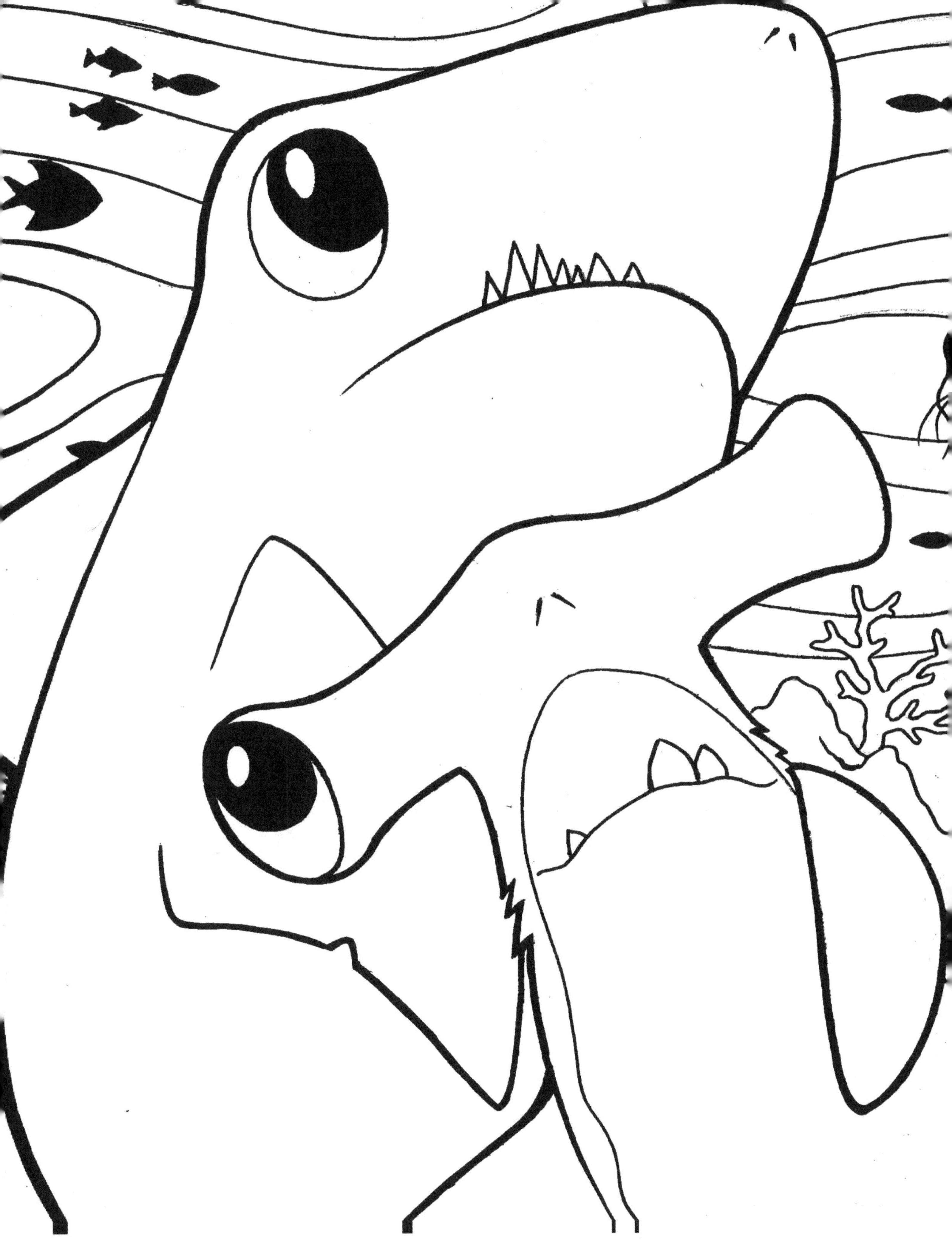

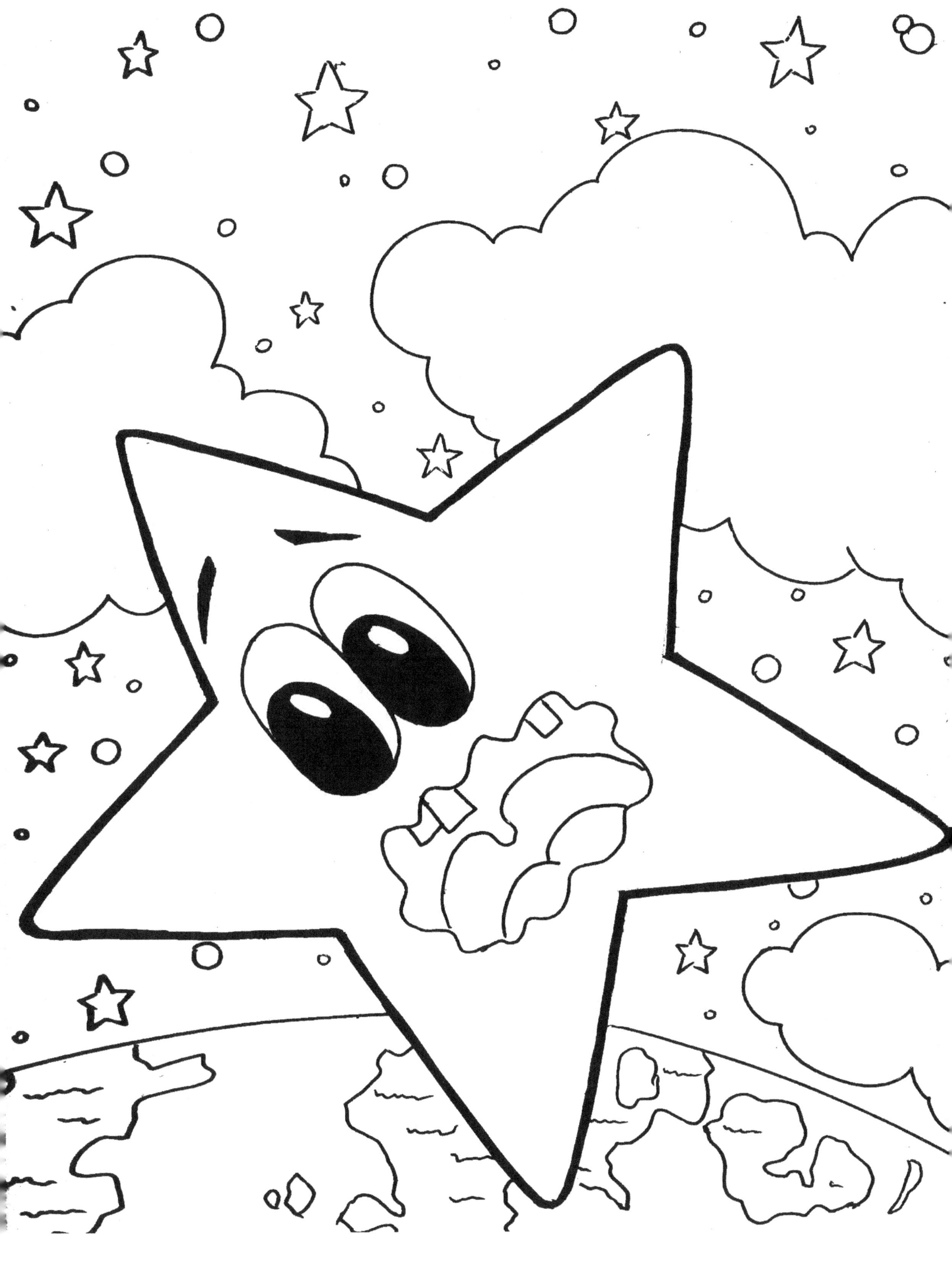

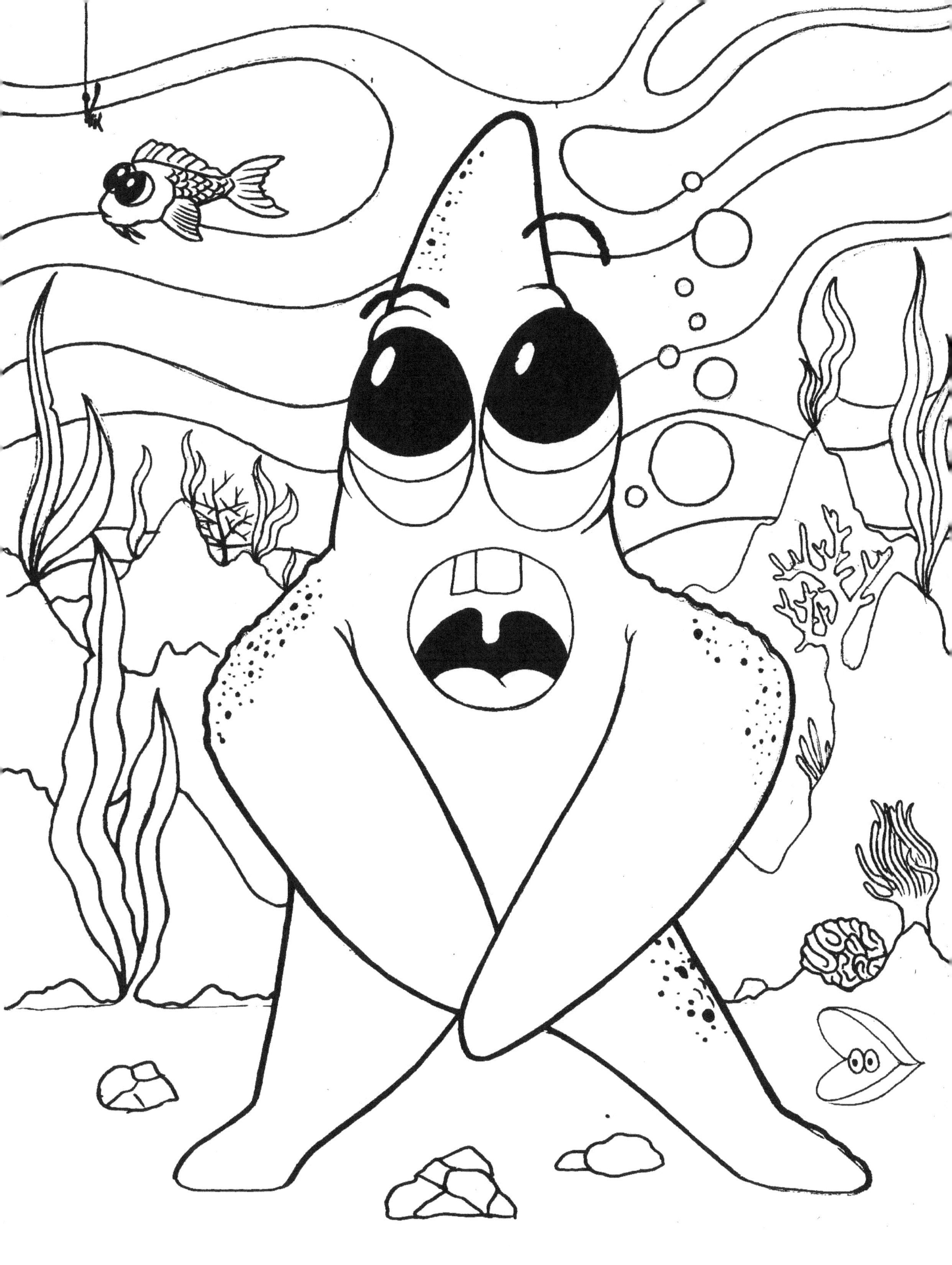

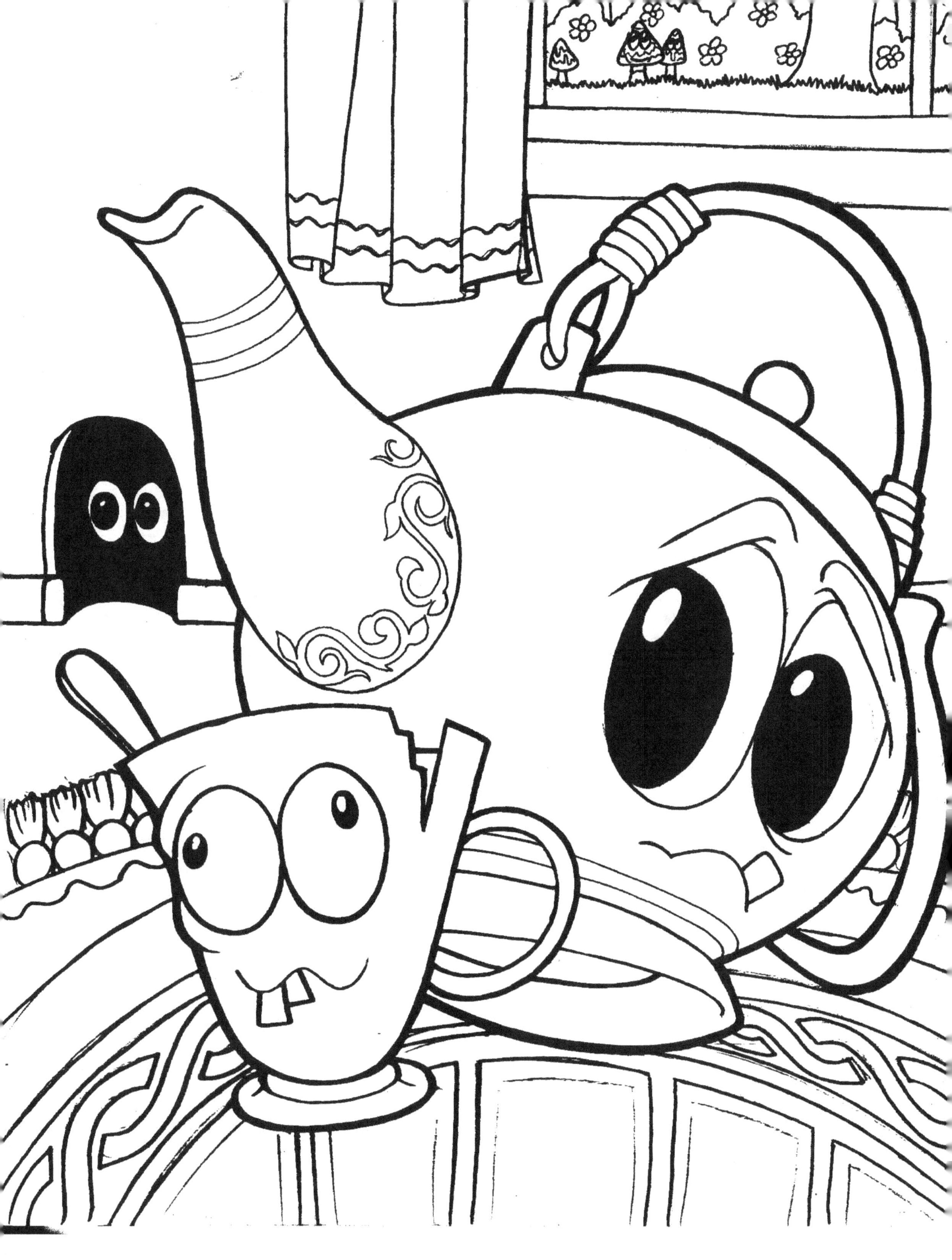

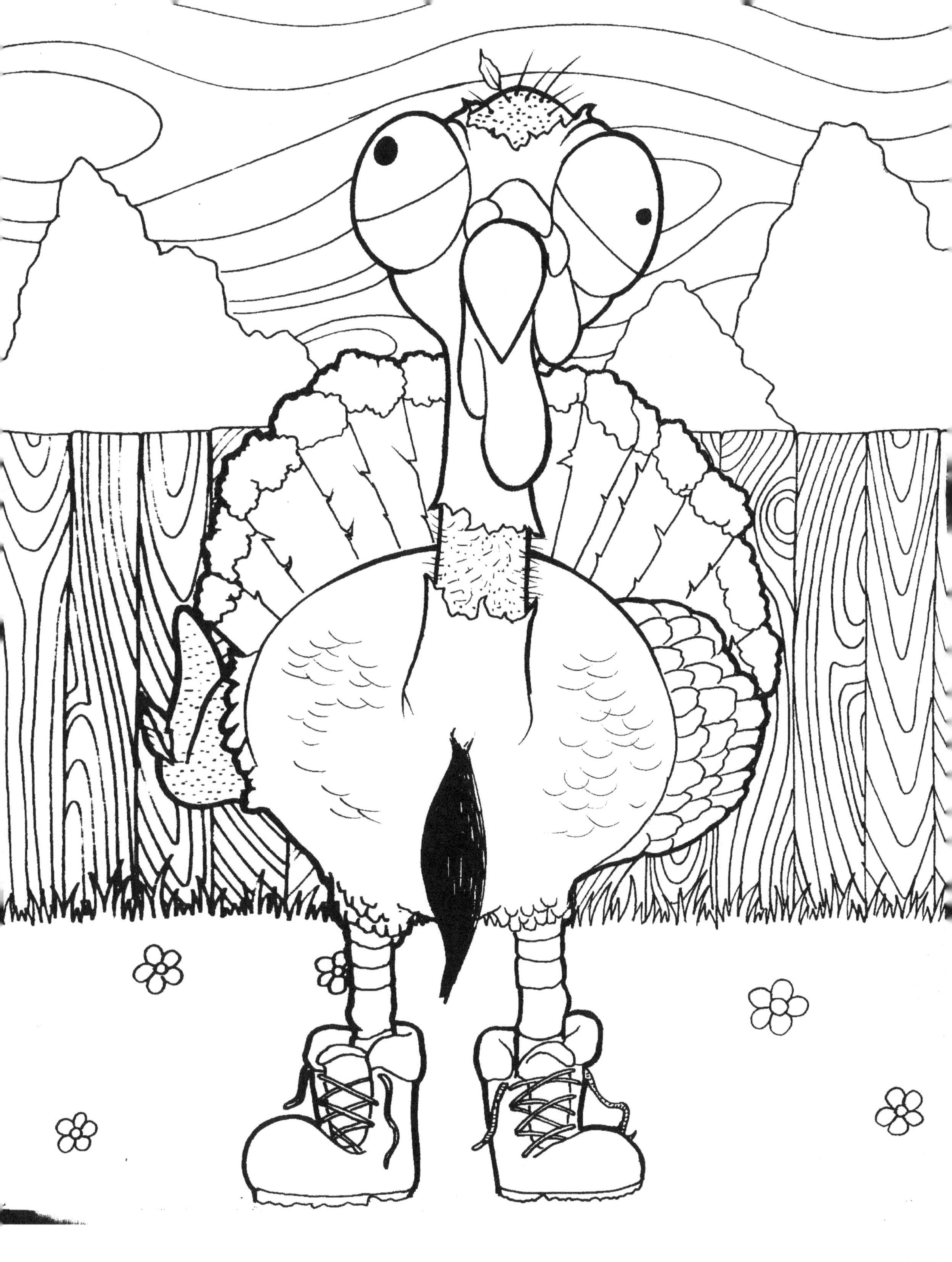

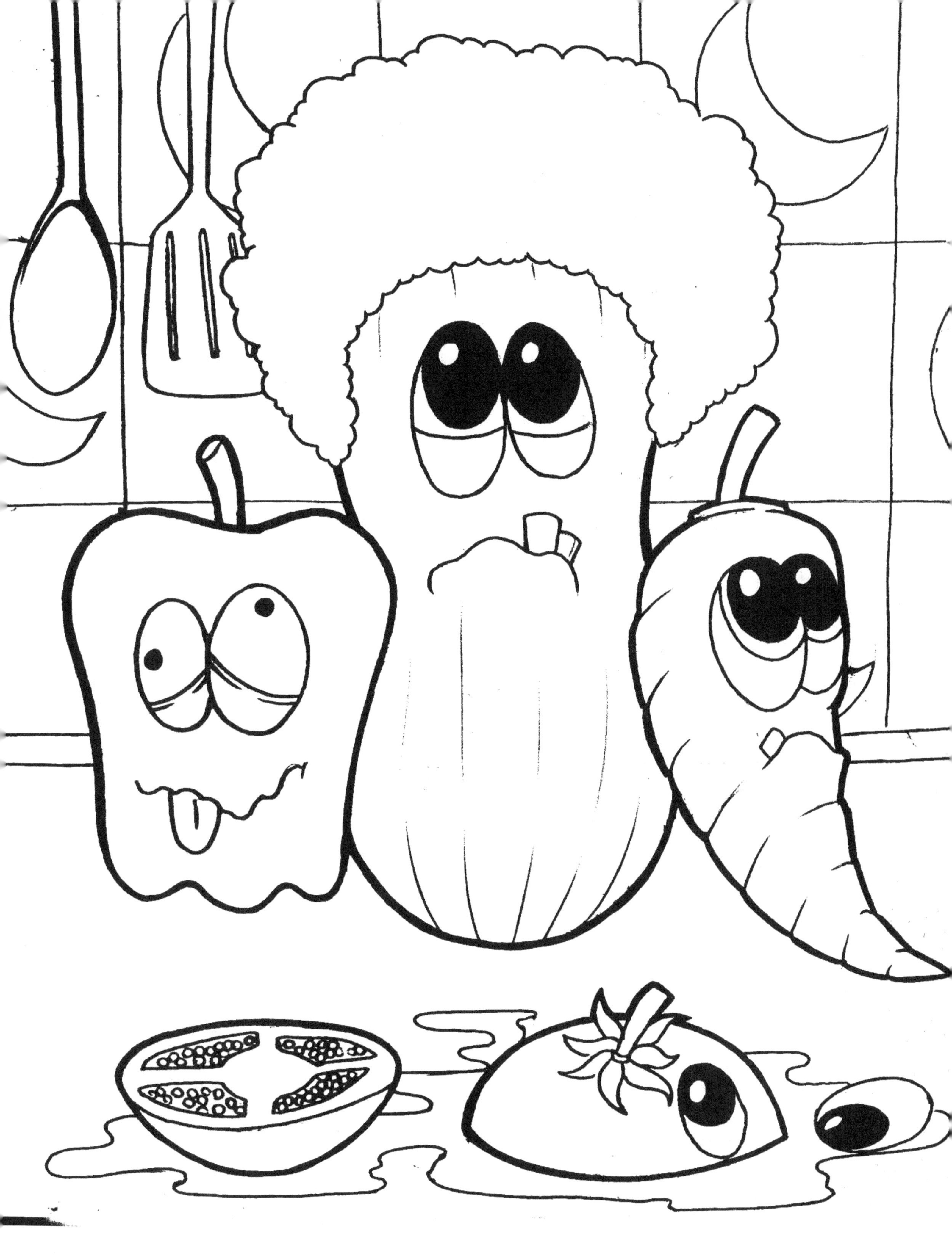

www.ingramcontent.com/pod-product-compliance
Lightning Source LLC
Chambersburg PA
CBHW080529220526
45465CB00006B/2646
* 9 7 9 8 6 6 0 0 8 9 3 2 9 *